ZUR PERSON

Zur Person

Franz Ferdinand Wolf
im Gespräch mit

Karlheinz Böhm
Erwin Kräutler
Leopold Ungar
Simon Wiesenthal

Edition S

Edition S
Verlag Österreich

1. Auflage 1993

Copyright © by Verlag Österreich
Alle Rechte vorbehalten

Umschlaggestaltung: Atelier Schiefer, Wien
Druck und Bindearbeit: Österreichische Staatsdruckerei

ISBN 3-7046-0420-8

INHALT

Vorwort 7

Prälat Ungar
„Ich bin ein unheiliger Sünder" 11

Karlheinz Böhm
„Man lernt aus Mißerfolgen" 51

Bischof Kräutler
„Die Kirche ist kein Beerdigungsinstitut" 95

Simon Wiesenthal
„Ich kann nicht für andere verzeihen" 135

Bildnachweis 191

VORWORT

Das Gespräch dauerte noch keine zehn Minuten, als es plötzlich von der Galerie des vollbesetzten Theaters in der Josefstadt haßerfüllt gellte: „Sie sind ein Mörder, und Sie sind ein Betrüger." Es folgte ein Regen von primitiv hektographierten Flugblättern mit eindeutig neonazistischem Inhalt.
Noch während die Polizei, der Zwischenfälle angekündigt worden waren, die Ruhestörer festnahm, huldigte das empörte Publikum meinem Gesprächspartner mit standing ovation. Simon Wiesenthal dankte mit Tränen in den Augen und sagte: „Die, die dahinterstehen, sind nicht ausgestorben. Das ist mir klar. Aber solche Zwischenfälle wirken auf mich nicht dämpfend – sondern umgekehrt. Ich hoffe immer noch, daß die Zahl der Leute, die hierher ins Theater kommen, um zu stören – es waren wahrscheinlich nur zwei, denn wir hörten ja nur zwei Stimmen –, mit jedem Jahr weniger werden. Ich hoffe auf einen Umdenkprozeß. Und der geht vor sich! Die Briefe und Anrufe, die ich gerade von jungen Menschen bekomme, beweisen mir das. Ich glaube trotz all dem, was ich erlebt habe, an das Gute im Menschen. Keiner ist als Verbrecher geboren."
Das war am 6. Jänner 1988 – am Beginn des Be- und Gedenkjahres. Und das war auch der Beginn der ORF-Sendereihe „Zur Person".

ZUR PERSON

Die Idee war, bekannte Personen gesprächsweise darzustellen. Durchaus mit persönlichen Fragen, durchaus mit Blick auf das Privatleben, aber nicht in der Form der indiskreten oder süßlichen, kitschigen Starinterviews, die mehr verhüllen, als sie von der befragten Person und deren Persönlichkeit enthüllen.
Nach langen Jahren des Print-Journalismus und hunderten Interviews schien es mir reizvoll, direkte, spontane, unmittelbare Interviews zu machen, ohne Möglichkeit der nachträglichen Korrektur, ohne Beschreibung der Reaktionen der Gesprächspartner auf manche Fragen, ohne Interpretation des Gesagten – oder Nichtgesagten. Interviews pur, sozusagen.
Daher ein Gespräch auf der Bühne des Theaters in der Josefstadt, vor Publikum – und live im Fernsehen.
Informationsintendant Johannes Kunz griff diese Idee sofort auf, räumte alle technischen und finanziellen Schwierigkeiten aus dem Weg und realisierte „Zur Person". Auch Robert Jungbluth zögerte keinen Augenblick und stellte das Theater in der Josefstadt für dieses Experiment einer neuen Talk-Show zur Verfügung.
Unter der Leitung des ORF-Redakteurs Bruno Berger machte sich ein Team von Journalisten an die Recherche-Arbeit. Wochenlang wurden Archive durchforscht, Lebensdaten gesammelt, historische Zusammenhänge dar-

VORWORT

gestellt, Freunde und Bekannte, Familienmitglieder und Gegner interviewt, Fotos, Filme und Dokumente beschafft.
Dieses penibel gesammelte Material ist der Rohstoff für das Gespräch. Selbstverständlich ist keine der Fragen mit dem Interviewten vorher abgesprochen, nicht einmal Schwerpunkte oder Themenbereiche sind dem Gesprächspartner vorweg bekannt. (Ebenso selbstverständlich hat noch jeder versucht, wenigstens die Richtung und die Tendenz des Gespräches im vornhinein zu erfahren. Manche versuchten es noch wenige Minuten vor dem Live-Einstieg).

In dem vorliegenden Band werden Auszüge aus vier Interviews „Zur Person" veröffentlicht. Sie sind redigiert, in manchen Passagen gestrafft, halten sich aber genau an den Ablauf des jeweiligen Gespräches.
So unterschiedlich von Alter, Herkunft, Weltanschauung und Beruf diese vier Gesprächspartner sind, so gleichartig ist ihr Engagement für eine – auch wenn es abgeschmackt klingt – bessere Welt.
So unterschiedlich sie sich in ihrer Persönlichkeit und in ihrer Argumentation darstellen, so gleichartig ist ihre Botschaft: Hoffnung und Glaube.
Glaube an die Veränderbarkeit der Welt, Hoffnung für eine bessere Zukunft.
Schmerzen, Enttäuschungen, Not, selbst exi-

Zur Person

stentielle Gefährdungen und Gewalt ließen sie nie resignieren. Sie sind für ihre Sache kompromißlos engagiert – und dadurch, wie ich meine, für uns Vorbilder.

Franz Ferdinand Wolf

Vorbesprechung der Sendereihe „Zur Person": Franz Ferdinand Wolf, Intendant Johannes Kunz, Josefstadt-Direktor Robert Jungbluth

Prälat Ungar

„Ich bin ein unheiliger Sünder"

Erstsendung: 1. November 1990

ZUR PERSON

Geboren am 8. August 1912 in Wiener Neustadt;
nach der Matura Jusstudium in Wien, 1935 Promotion zum Dr. jur.;
1935 Eintritt in das Wiener Priesterseminar;
1938 Austritt aus dem Priesterseminar und Emigration nach Frankreich;
1939 Priesterweihe in Saint Brieuc;
1940 Flucht nach Großbritannien und Internierung für ein halbes Jahr;
1945 Betreuung österreichischer und deutscher Kriegsgefangener in Großbritannien;
1947 Rückkehr nach Österreich, Kaplan in der Pfarre Maria Lourdes in Wien Meidling;
1948 Kaplan in der Pfarre St. Elisabeth in Wien Wieden;
1950 Sekretär des Leiters der Caritas Prälat Dr. Weinbacher;
1953 Ernennung zum päpstlichen Ehrenkämmerer (Prälat);
1964 Präsident der Caritas Österreich;
1969 Präsident der Caritas Internationalis;
Gestorben am 30. April 1992 in Wien.

Prälat Ungar

Sie, Herr Prälat, sind das, was man das schlechte Gewissen der Wohlhabenden nennen könnte.

Ich kann Ihnen nicht widersprechen. Ich glaube tatsächlich, daß die gleichgültigen Leute ihr gutes Gewissen auf jeden Fall behalten, denen kann man noch so sehr drohen. Und daß die guten Leute ein schlechtes Gewissen haben. Ich glaube, ich habe dieses schlechte Gewissen der guten Leute mobilisiert, und habe diesem schlechten Gewissen viel zu verdanken.

Das ist allerdings ein wenig konterproduktiv, wenn die, die ohnehin gut sind, ein schlechtes Gewissen haben.

Ja, das meine ich in dem Sinne, daß die einer Aktion helfen, die vernachlässigt wird von denen, die massiver helfen könnten.

Kardinal König hat Sie einen Unruhestifter genannt. Es gibt ein Zitat von ihm, das ich Ihnen gerne vorlesen würde: „Allein, wenn ich an die vielen Flüchtlinge heute denke, weiß ich, wie notwendig wir den Unruhestifter in unserem wohlhabenden Land noch brauchen. Ohne diese Unruhe gibt es keinen Seelenfrieden." Sie haben sich revanchiert und haben Kardinal König einen Seelenfriedenstifter genannt. Was ist das?

Das Wort stammt nicht von mir, verdanken tue

ZUR PERSON

ich es der „Fackel" wie so vieles andere, wo es zitiert war. Ich habe bei Kardinal König immer das Gefühl gehabt, ich kann alles sagen, was mich drückt, empört, mir am Verhalten der offiziellen Kirchenleitung nicht gefällt, und er hat mit einer Mischung von Gutmütigkeit und Diplomatie mich so beruhigt, als hätte ich zwei Tranquilizer genommen. Er hat Notizen gemacht, und das hat mich kolossal beruhigt. Das war besser als jede Psychotherapie.

Sie sind seit 1964 Caritas-Präsident. Die Caritas wurde unter Ihrer Leitung zu einem Unternehmen mit tausend Mitarbeitern. Sie beschäftigt diese Mitarbeiter hauptberuflich. Das ist ein Unternehmen, das gute Werke produziert.

Die Betreuer, die vielen Angestellten, das schaut so aus. Aber das ist nicht alles Administration, sondern im Gegenteil hauptsächlich Betreuung von Alten, von Kranken, von Behinderten, auch von Flüchtlingen.

Ein mittleres Industrieunternehmen.

Nun, wenn man das Industrie nennen will, so habe ich nichts dagegen.

Eine Industrie der guten Werke.

Es könnte natürlich sein, daß wir, weil es eine Großindustrie ist, die Fehler alles Großen haben, nicht? Und uns mit den Kleinigkeiten nicht abgeben, nicht?

Es gibt doch, Herr Prälat, mehr Not, Elend und Katastrophen als Hilfe. Sind Sie darüber nie verzweifelt?

Oh ja, weiß Gott. Das ist eine ständige Auseinandersetzung: Wie kann Gott das zulassen, was geschieht? Wo er allmächtig und unendlich barmherzig ist? Und die Antwort ist natürlich – ich verstehe Sie schon –, daß wir ändern, was geändert werden kann. Und annehmen, was nicht geändert werden kann als ein Kreuz, als ein Mittel der Erlösung derer, die Erlösung brauchen. Denn er hat ja auch diesen Umweg beschritten in seinem Sohn, der sich kreuzigen hat lassen, statt das Böse zu besiegen und die Herrschaft anzutreten und sozusagen die Märchenerfüllung aller Wünsche zu produzieren.

Verzweiflung darüber, daß der liebe Gott mehr Elend, Not und Katastrophen zuläßt, als Menschen ertragen können?

Zuerst. Aber ich könnte Gott auch keinen Vorwurf machen, wenn ich Atheist wäre, wenn ich berücksichtige, welch skandalöse Gleichgültigkeit und Indifferenz zu einem Zeitpunkt herrscht, zu dem die Entwicklung der Wissenschaften und der Technik es mög-

Zur Person

Prälat Ungar

lich macht, so viel Elend abzuschaffen, wie es gibt. Fünfzig Millionen verhungern im Jahr, die ohne weiteres leben könnten.
Alles das ist für mich etwas, was ich schon seit Jahrzehnten immer wieder, mehr oder minder erfolglos, predige. Einmal hat ein Landwirtschaftsminster zu mir gesagt, daß er diesen blöden Brauch, einmal im Jahr, auf drei oder sechs Wochen, die Butter um so und so viel Schilling an alle billiger zu verkaufen, ersetzen wird. Leute, die unter einem bestimmten Einkommen leben, bekommen sie das ganze Jahr verbilligt. Ähnlich wie er es analog auf Schweineberg, Rinderberg und ähnliche Dinge angewendet hat. Er ist halt das nächste Jahr nicht mehr Minister gewesen.

Sie sagten soeben, Sie hätten Jahrzehnte erfolglos gepredigt, aber es dennoch unverdrossen getan.

Ja. Aber es hat immer mehr Leute gegeben, die hunderttausend, fünfhunderttausend Schilling hergegeben haben, nicht wahr. Und sie waren nicht bekannt. Sie gehören nicht zu den Namen, die einem sofort einfallen, mit ganz wenigen Ausnahmen. Und das betrachte ich schon als die Frucht dieser kontinuierlichen Aufgabe, lästig zu sein. Lästig zu sein und Platitüden immer wieder zu wiederholen, und das im Ton der Drohung. Und diese Drohung richtet sich genauso gegen mich. Ich bin genauso mitschuldig an all dem, nicht? Sicherlich, immer wenn man predigt und Moral predigt, predigt man ja eigentlich gegen sich, gegen etwas, was als Anlage auch in einem steckt.

Also auch ein Stück Therapie?

Natürlich. Man weiß schon, daß man anders leben müßte, besser sein müßte, und sagt es den anderen.

Noch einmal zurück zu Ihrem Gottbegriff. Es gibt da ein schönes Zitat. Ich darf es Ihnen kurz in Erinnerung rufen: „Gott ist nicht erfolgreich wie ein Ingenieur, der einen Apparat erzeugt, sondern erfolgreich wie ein großer Dramatiker, der das Schlechte braucht, um das Gute ins Licht zu rücken. Oder wie Rembrandt, der den Schatten braucht, um das Licht wirken zu lassen."

Ja, das ist meine tiefste Überzeugung. Gott ist der Gott der Umwege. Die Weltgeschichte und die Heilsgeschichte wirkt wie ein langer Abenteuerroman oder ein Märchen, wo zunächst alles schlecht ist, und erst dann Ende gut, alles gut ist. Oder wie in Shakespeare-Komödien, wo es entsetzlich zugeht, schreckliche Ängste die Helden bewegen, über den Verlust des Geliebten, der Geliebten et cetera, alles das löst sich dann in einer grandiosen Harmonie auf. Ähnlich, glaube ich, operiert Gott. Er ist ein Dramatiker. Es gibt ja ein Buch, das ich nicht gelesen habe, über die Theodramatik von einem großen Theologen, der leider aber mindestens sechshundert Seiten für jedes Buch verwendet hat. Hans Urs von Balthasar, ein sehr bedeutender Theologe, spricht von dieser Theodramatik, und ich nehme an, sein Thema ist diese.

„Gott der Umwege" ist in den ersten Jahren nach dem Krieg auf die Frage zugespitzt worden: Gibt es Gott nach Auschwitz?

Ich liebe die Formulierung nicht, aber ich ehre die Gesinnung, die dahinter steckt. Natürlich, es ist wahrscheinlich, leider Gottes, eine Unterschätzung der Greuel, die es auch vorher gegeben hat und gleichzeitig gegeben hat. Und das macht die ganze Theodramatik noch dramatischer, nicht?

Antwort gibt es keine?

Da bin ich an der Grenze der Orthodoxie. Ich glaube, wir unterschätzen die Wirkung der Dummheit. Die Dummheit, gemischt mit Idealismus, ist unter Umständen gefährlicher als die Bosheit. Die ärgsten Verbrechen werden von Idealisten begangen, die so blöd sind zu meinen, sie gehören zur Edelrasse. Oder eben sie bereiten das klassenlose Paradies vor und dergleichen mehr. Gegen diese Dummheit haben die Götter vergebens gekämpft, wie Gott

dagegen kämpft, indem er uns auffordert, nüchtern zu sein, zu beobachten, uns nicht sofort jeder modernen Regung, oder postmodernen, oder postpostmodernen anzuschließen. Sondern zugleich engagiert zu sein und kritisch, und nicht mitzuhatschen mit jeder Mode, eine Gefahr auch für die Kirche. Zu sein wie eine alte Tante, die mit den Jungen atemlos spielt, weil sie noch jung sein will.

Also zumindest in der Wiener Erzdiözese ist derzeit diese Gefahr relativ gering.

(Lacht) Ich weiß nicht genau, worauf Sie anspielen, aber möglicherweise.

Daß die Kirche mit jeder Mode geht.

Nein, also diese Gefahr ist wahrscheinlich gering. Aber Organisationen der Kirche tendieren sehr wohl, etwa mit so gewissen okkulten Gurumethoden, dazu, den Seelenfrieden zu erkaufen statt etwa durch eine Korrektur des sittlichen Verhaltens.

Ich möchte jetzt einen großen Sprung machen und Sie fragen, ob es stimmt, daß Sie als Kind eigentlich Rauchfangkehrer werden wollten?

Ja, das stimmt.

Zweiter Berufswunsch war Konditor.

Ja. Wir waren als Kinder sehr oft in der Tschechoslowakei, in Franzensbad, Marienbad, und dort hat es herrliche Konditoreien gegeben, und da ist wahrscheinlich dieser Wunsch entstanden, Konditor zu werden.

Es ist allerdings eine beachtliche Bandbreite vom Wunsch, Rauchfangkehrer zu werden, zum Prälaten.

Schwarz sind sie beide. Und unter Umständen glückbringend, wie ich hoffe, mindestens die Geistlichen, aber ich will es den Rauchfangkehrern nicht ganz absprechen.

Ihr Vater, Herr Prälat, war Weinhändler in Wiener Neustadt, der sein Vermögen unter anderem deshalb verloren hat, weil er für Sie, seinen Sohn, Kriegsanleihen gezeichnet hat.

So ähnlich muß es gewesen sein, ja.

Welchen Berufswunsch hatte eigentlich Ihr Vater für Sie? Es ist doch immer so, daß Väter Vorstellungen haben, was die Söhne werden sollten.

Es war klar, daß ich mich nicht für dieses Geschäft eigne, und ich selber habe aus durchaus opportunistischen Gründen Jus studieren wollen, weil es damals sehr lange gedauert hat, bis die erste Prüfung stattgefunden hat, und

ZUR PERSON

ich mich meinen wirklichen Interessen widmen konnte, und nicht in Wiener Neustadt, sondern in Wien wohnen konnte, und die kulturellen, geistigen Interessen, die ich gehabt habe, da viel besser verfolgen konnte als etwa im Elternhaus.

Bestimmend schon in Ihrer Kindheit oder Jugend war das, was man Freiheitsliebe nennt. In der Schule hat das immer die Entsprechung, ein schlechter Schüler zu sein.

Ja, das war so. Der Deutschunterricht hat's uns angetan gehabt mit diesem Erziehen zur verlogenen, übertriebenen Begeisterung beim Frühlingstag oder über die Frage, warum Minna von Barnhelm ein deutsches Drama ist oder ähnliches. Da haben wir, zwei Kollegen, aus Bosheit einen Aufsatz geschrieben, der eine Karikatur war. Dann wurden wir gezüchtigt mit einem „Entsprechend" in Betragen. Wobei der Professor zu meinem Kollegen gesagt hat: Zwar frech, aber geistreich. Ich war aber nur frech und dumm. Das habe ich mir gemerkt. Das ist authentisch.

Als Schüler hatten Sie einen Mathematiklehrer, der Ihnen Nachhilfe gegeben hat, der in Ihrer Erinnerung ein böser Mensch war, ein Teufel vielleicht. Im Priesterseminar hatten Sie einen Regens, den Sie in Ihren Erinnerungen als Heiligen bezeichnet haben. Sie hatten also die ge-

samte Bandbreite des katholischen Glaubens in Ihrer Erziehung?

Er war am ehesten jemand, den man einen schlechten Menschen nennen könnte. Aber er war es trotzdem nicht. Er war zum Beispiel nobel zu uns, seinen Schülern, und geistig höchst interessiert. Er war schrecklich betroffen, wie er gehört hat, daß ich ins Seminar eintrete, und hat versucht, mir zu sagen, daß alle Gottesbeweise ein Zirkel sind. Er hatte ein hohes Niveau. Er war ein Feind des Krieges. Im Ersten Weltkrieg hat er ein Bordell kommandiert und hat gemeint, mit dem drohenden Zweiten Weltkrieg wird er deshalb schon fertig werden. Er ist aber in einem Konzentrationslager gestorben. Jaworsky war sein Name. Und ich würde nicht sagen, daß er schlecht war, aber er war einer, der zum Beispiel, weil er seinen Posten verloren hat als Professor im Mädchenlyzeum, wie das damals geheißen hat, sich an der Welt gerächt hat. Er hat jeden Tag mit einem anderen jungen Mädchen oder älteren Mädchen verbracht und sich geschlechtlich betätigt in einer übertriebenen Weise und dergleichen mehr. Er hat prozessiert, um das Kind, das uneheliche Kind dieses Mädchens, als sein Kind anerkannt zu bekommen. Es ist dann entschieden worden, das geht nicht. Er hatte sich Juskenntnisse angeeignet, und die hat er verwendet, um Bauern gegeneinander aufzubringen, um ein Stück

Besitz, in Grenzsachen. Das hat er satanisch genossen. Ich würde trotzdem zögern zu glauben, daß er ein schlechter Mensch war. Nun, und das andere: Ob ich den Regens heiliggesprochen habe? Beeinflußt hat er mich sicherlich sehr, –

Sie haben ihn heiliggesprochen.

So?

Ja.

Na ja. Dann ist es sicher ernstzunehmen.

Wir sind bei Ihrer Schulzeit, Herr Prälat. In Ihrer frühen Jugend hatte Karl Kraus einen großen Einfluß auf Sie. Er war dann später bestimmend für Ihr Leben. Was war Ihr Zugang zu Karl Kraus? Warum hatte er diesen großen Einfluß auf Sie?

Zunächst, weil ich ihn nicht verstanden habe und gedemütigt war dadurch, daß ein Kollege von mir, ein, zwei Jahre älter, ihn bewundert und gelesen hat. Und ich habe mir dann auf einer dieser zahllosen Reisen zwischen Wien und Wiener Neustadt eine „Fackel" gekauft. Zum Unglück war es eine, die ich auch nicht verstanden habe, obwohl ich sie mit zäher Beharrlichkeit zwölfmal, dreizehnmal gelesen habe. Dann aber bin ich in die erste Vorlesung gegangen, und die hat mich fasziniert. Und dieser Faszination träume ich immer noch nach, und sie ersetzt mir die Scheußlichkeiten des heutigen Theaters.

Was war das Faszinosum der Vorlesungen von Karl Kraus?

Nun, die grandiose Art, wie er mit fast nichts alles dargestellt hat. Nicht etwa Stimmen hoch, Falsett, und dann tief, sondern durch das bloße Denken, daß er der ist, die ist, die er darstellt. Er hat das Theaterstück zu einer vollendeten Wirkung gebracht hat, von der die Gegenwart überhaupt nicht träumen kann. Mit einem Wort, es war das Theater überhaupt. Er hat uns also alles eröffnet von Goethe, Shakespeare, Gogol, Nestroy, Raimund. Später Offenbach! Er konnte mit einer Grazie Offenbachs Charaktere darstellen – auch Damenrollen, daß man hingerissen war. Dabei hat er aber auf die blöde, pedantische Art verzichtet, mit der das Theater einem immer beweisen will, daß es noch zeitgemäß ist. Folglich muß mit einem Maschinengewehr geschossen werden. Beim Tell geht das nicht, weil der Apfel nicht gut mit dem Maschinengewehr geschossen werden kann. So ähnliche Mätzchen, die es ja damals in den Dreißigerjahren schon im Theater gegeben hat, die hat Kraus bekämpft. Und sein Theater der Dichtung war für uns, für viele Tausende Leute einfach eine großartige Erziehung.

Sie haben wahrscheinlich Karl Kraus auch deshalb bewundert, weil er einen Kampf gegen Dummheit und Vorurteile geführt hat.

Zweifellos, ja. Und ich habe jetzt nicht erwähnt, daß er natürlich seine eigenen Schriften gelesen hat, und daß das ebenfalls ein hinreißendes Erlebnis war. Es war grandios, und es war für mich die Erziehung zur Sittlichkeit. Ohne ihn wäre ich wahrscheinlich so ein Liberaler, vielleicht würde ich auch auf die allheilende Wirkung der Marktwirtschaft vertrauen.

Tun Sie das nicht?

Nein! Ich habe nichts gegen sie, und ich halte sie für erfolgreicher als die andere. Aber ich übersehe nicht, daß etwas, was bloß auf der Realität der menschlichen Gier aufbaut, besser ist als der sicherlich mißlungene Traum einer kommunistischen Gesellschaft.

Der Kommunismus ist gescheitert, die Marktwirtschaft hat nicht Ihre volle Zustimmung – was ist der dritte Weg?

Gar nichts. Diese Marktwirtschaft, so wie sie bei uns geübt wird, ist ja nicht die Ausbeutung, die es etwa am Anfang dieses Jahrhunderts gegeben hat. Wo die Bergarbeiter geschunden wurden, und die – noble Namen – Eigentümer der Bergwerke hatten einen Dachverein und

haben auf dem Umweg über die Presse die Regierungen gestürzt, wenn etwa die Arbeitszeit der Bergarbeiter verkürzt hätte werden sollen. Ich habe es zufällig jetzt gelesen, vor kurzem, in einer alten „Fackel" aus dem Jahr 1901, wo diese Polemiken gegen eine bösartige Art von Kapitalismus betrieben werden.
Natürlich hat der Kapitalismus dem Kommunismus so viel zu verdanken, weil aus lauter Angst, daß er kommt, eine ganze Reihe von sozialen Maßnahmen inkorporiert wurden. Insofern bin ich natürlich eher für die wirtschaftliche Ordnung, die es bei uns gibt.

Karl Kraus ist zum Katholizismus konvertiert, hat aber die Kirche später wieder verlassen. War er ein Suchender?

Natürlich war er ein Suchender sein ganzes Leben, aber seine Hinwendung zur Kirche war eher in der Linie seines Kampfes gegen den damaligen Liberalismus und der Entwertung der konservativen Werte, denen er angehangen ist. Und so ist er unter dem Einfluß des Adolf Loos im Jahr 1911 katholisch geworden. Und der Austritt ist daher nicht so sehr als eine Abwendung vom Wesen des christlichen Glaubens zu betrachten. Im Gegenteil, dem hat er sich im Laufe der Jahre mehr genähert, als man ahnen konnte, wenn man nur die „Fackel" oder die Bücher von Kraus gelesen hat. Wenn man die Korrespondenz mit seiner langjährigen Geliebten Nadherny liest, sieht man, daß er die Bibel zitiert und eine intensive Beziehung zur Religion gehabt hat, die am Ende natürlich noch stärker war, weil er ja politisch sich sehr oft von einem System abgewendet und dem anderen zugewendet hat. Und das letzte, dem er sich zugewendet hat, war dieses Experiment des katholischen Staates, das er durchaus auch genauso kritisch beurteilt hat wie seine Anhänger, aber dann allmählich bejaht hat, weil ihm der Mut dieses kleinen David gegen den Goliath so imponiert hat. Vielleicht hat ihn das auch an seine eigene Position erinnert: Er war ja tatsächlich ein sehr großer Verehrer des ermordeten Dollfuß.

Warum sind Sie Priester geworden?

Mich hat die Eucharistie, die Messe, hypnotisiert. Das Hauptmotiv der Messe, der Eucharistie nahe zu sein. Ich kann das nicht näher erklären, will es auch nicht. Das klingt alles so frömmlerisch. Es ist einfach eine Leidenschaft wie andere auch. Und am Priestertum interessieren mich nicht die Dinge, die die anderen so sehr interessieren, das Organisieren von verschiedenen Bünden und Gruppierungen und so weiter. Im Gegenteil. Das widerspricht meiner Theorie von Gott.
Was mich interessiert ist also das Sakramentale, aber auch die Predigt, das Wort Gottes. Diese zwei Dinge haben mich zum Priestertum geführt.

ZUR PERSON

Es hat – Sie haben es schon kurz angedeutet – einen Umweg gegeben. Sie haben zuerst Jus studiert und 1935 promoviert.

Ja, da war ich schon im Seminar.

Das Sakrament der Taufe haben Sie als Jusstudent empfangen.

Ja.

Hat damit für Sie ein neues Leben begonnen?

Da wage ich nicht, darüber zu reden. Das klingt alles so wie Hagiographie. Ich bin ein sehr unheiliger Sünder und mag darüber nicht soviel sprechen. Das Ereignis als solches habe ich ebenso wie meine Priesterweihe sonderbarerweise gar nicht in Erinnerung. Ich weiß, daß es stattgefunden hat, und ich weiß auch, daß eine Patin von mir, Mutter eines guten Freundes, der in der Nazizeit hingerichtet wurde, schrecklich gestolpert ist. Das weiß ich noch. An mehr kann ich mich nicht erinnern. Ebenso bei der Priesterweihe.

Es ist öfter bei Erinnerungen so, daß die Unerheblichkeiten die tatsächlichen Ereignisse überdecken.

Ja, ja, oh ja.

PRÄLAT UNGAR

Sie sind 1935 also ins Priesterseminar in Wien eingetreten und am 11. September 1938 wieder ausgetreten und nach Frankreich gegangen.

Ja. Ich habe einer Diözese in der Bretagne angehört, St. Brieuc, habe aber in Paris studiert und wurde auch in Paris geweiht. Nach der Weihe habe ich eine kurze Zeit in St. Brieuc in einem College unterrichtet.

Sie wurden 1939 zum Priester geweiht?

Ja, vor Kriegsausbruch.

Sie hatten dann in Frankreich französische Marineoffiziersanwärter in Englisch zu unterrichten?

Ja, das war in St. Brieuc, das war in meiner Diözese.

Wie kommt es, daß ein Wiener Neustädter in Frankreich Englisch unterrichtet?

Nun, zufällig habe ich ein bißchen Englisch gekonnt. Die Privatschulen in Frankreich waren immer sehr arm, und da hat man genommen, was man bekommen konnte. Ich habe Schüler gehabt, die etwas besser Englisch konnten als ich, sie haben mir geholfen, statt mich lächerlich zu machen.

Ihre Familie ist in dieser Zeit über Ungarn nach Südamerika emigriert.

Südamerika, ja.

Hatten Sie mit der Familie Kontakt?

Nur sehr spärlich.

Im Jahr 1940 mußten Sie aus Frankreich weiterfliehen.

Ja. Ich hatte in St. Brieuc unterrichtet, und ein englischer Kollege, Nachkomme des Sir Walter Scott, der dort auch Englisch unterrichtet hat, und ich sind dann nach Brest und auf Umwegen, sehr romantischen Umwegen, die ich aber nicht erzählen werde, das wäre viel zu kompliziert, –

Das war ein Kriegsschiff?

Ja, ein Kriegsschiff und alles mögliche, und ein Schinakel und so weiter, bin ich dann nach England gekommen und wurde dort etwa ein halbes Jahr interniert.

Sie blieben dann auch nach Kriegsende noch in England.

Ja, weil ich sehr engagiert war in der Betreuung von deutschen und auch österreichischen

Prälat Ungar

Kriegsgefangenen, und es eigentlich niemand anderen gegeben hat, der sich darum gekümmert hat. So war ich fast jeden Sonntag in drei oder vier Lagern, und habe mir durch einen Trick den Zugang verschafft – die Genehmigung war gar nicht so leicht zu kriegen -, indem ich mir einen Rolls Royce gemietet habe. Das hat sofort in diesem Klassenstaat bewirkt, daß man strammgestanden ist und mich hineingelassen hat.

1947 sind Sie nach Österreich zurückgekehrt in die Pfarre Maria Lourdes in Meidling.

Ja.

Ein weltläufiger Intellektueller war plötzlich Kaplan in Meidling.

Ich finde daran gar nichts. Ich teile auch nicht die Auffassung so vieler, daß ein Kaplan nicht eine viel intelligentere Tätigkeit hätte als ein Universitätsprofessor, der ununterbrochen dasselbe Teilgebiet durchackern und neu präsentieren muß. Ich habe ärgere Dinge erlebt, als Kaplan zu sein. Ich würde nicht gerne ein präkonziliarer Bischof gewesen sein. Die mußten ununterbrochen kommentieren, was im letzten Hirtenbrief gesagt wurde, was in der letzten Enzyklika gesagt wurde. Das wurde interpretiert, übertrieben in der Bedeutung und dann abgelöst von dem nächsten derartigen Ereignis. Ein Kaplan war ein freier Mensch, denn er konnte predigen wie er wollte und hatte Zugang zu Menschen, die Gott gebraucht und gesucht haben. Und er konnte wenigstens versuchen, ihnen Gott so interessant zu machen, daß sie sich ein bißchen mehr bemühen und nicht meinen, er ist ungefähr so interessant wie die Existenz eines Hofrates in einer Zeit, in der es gar keinen Hof gibt. Nicht? Es war sehr interessant.

Sie waren bloß ein Jahr in dieser Pfarre, dann sind Sie weitergezogen.

Dann bin ich in den 4. Bezirk gekommen, in die Pfarre St. Elisabeth, in diese häßliche neugotische Kirche in der Argentinierstraße, wenn man zur Südbahn geht. Da war ein sehr lieber Pfarrer, aber er hat das Prinzip gehabt, daß man an einem Sonntag – es waren vier Geistliche -, daß man da viermal hintereinander predigen soll während der Messe. Also er war sehr präkonziliar. Und da hat mir manches nicht gefallen, außer sein Charakter.

1950 war es, da konnten Sie sich dem Ruf der Caritas, obwohl Sie es zuerst versucht haben, doch nicht entziehen.

Ja. Mein damaliger Vorgänger, der spätere Bischof Weinbacher, hat eine Sekretärin gebraucht. Seine hat sich mit einer Schwester zerstritten, die praktisch alles für ihn getan hat. Und da ich Sprachen einigermaßen konnte, ist er auf mich verfallen. Er hat mich gerufen und hat gesagt, er sucht jemand, der ihm helfen könnte. Ich habe, wie ich zurückgekommen bin, von vornherein geschrieben, daß ich keinen administrativen und schon gar nicht einen juristischen Beruf – es gibt ja in der Kirche auch sowas wie Kirchenjuristen – annehmen würde. Das würde ich absolut nicht wollen. Ich habe also nein gesagt, treffe aber beim Hinausgehen die Mutter eines Kollegen und sage: „Ich habe gerade einen fetten Posten abgelehnt." Und sie sagt: „Aber Herr Hochwürden, das war doch schad, Sie könnten doch so vielen Leuten helfen." Na, habe ich mir gedacht, das überlege ich mir, immerhin ist es ein Ruf der Kirche. Ich habe angerufen und gesagt: „Kann ich mir das noch überlegen?" Hat er gesagt: „Aber natürlich, eine Woche." Und dann habe ich ja gesagt. Und seither bin ich halt dabeigeblieben.

Was war denn das berührendste oder schönste Erlebnis als Caritas-Leiter oder als Präsident der Caritas?

Na, ich wüßte nicht, daß ich als Präsident besonders rührende Erlebnisse gehabt habe. Viele langweilige Sitzungen und so formale, symbolische Scheinbetätigungen und Kontakte, allerdings mit interessanten und wichtigen

Leuten. Aber für die Caritas, würde ich sagen, war der Wendepunkt das Jahr 1956. Das war eine große Zeit. Da war plötzlich eine solche Hilfsbereitschaft da, daß wir uns kaum erwehren konnten. Wir haben Dienst gemacht bis zwölf Uhr mitternachts und manchmal auch länger. Niemand hat gefragt, ob das nicht zuviel des Guten ist. Und es war kein Ende der Überraschungen von Großzügigkeit der kleinen Leute, aber auch der großen Leute abzusehen. Die großen allerdings spendeten mehr aus politischen Motiven. Dann haben sich Verbände gegründet von Damen der Gesellschaft mit Herren der Gesellschaft und der Industrie und dergleichen. Und die haben zwar nicht in die eigene Tasche, aber in die der Organisationen, denen sie vorgestanden sind, gegriffen und dadurch geholfen. Und wir haben auf diese Weise auch dem Staat einiges beigebracht. Nämlich: daß ein Flüchtling nicht in ein Lager gehört, sondern daß er als Gast betrachtet wird. – Da war eine großartige Stimmung, und ich habe das etwa so formuliert: Wenn aus dieser Stimmung eine Haltung wird, dann weiß ich, warum ich auf der Welt bin. Aber natürlich ist es den Weg allen Fleisches gegangen. Die Hilfsbereiten haben gesehen, daß die besten Kaffeehäuser im 1. Bezirk von ungarischem Publikum besetzt waren, und damit hat es sehr bald eine Änderung gegeben, wie später auch wiederum. Mit einem Wort, man hat sich an das gewöhnt. Ich will nicht sagen, daß die Menschen deshalb schlecht geworden sind. Es ereignet sich ja so viel Entsetzliches, daß ich nicht weiß, wenn ich ein Laie wäre, wie ich nachkäme, um die Erlagscheine auch noch auszufüllen, zumal ich nicht gern auf die Post gehe. Ich würde eine Sekretärin brauchen.

Flüchtlingshilfe ist wieder hochaktuell.

Ja, aber da gibt es viele Mißverständnisse. Es sind ja nicht alles Flüchtlinge und es ist nicht alles Gemeinheit, was man Regierungsleuten nachsagt.
Man muß unterscheiden zwischen Flüchtling und Arbeitsuchendem: Jemand, der gar keinen Grund hat zu flüchten, weil er etwa politisch, religiös, rassisch verfolgt ist, sondern weil er einen Schmarrn verdient und mit zweihundertfünfzig Schilling eine Familie ernähren soll. So kommt er einfach hierher und arbeitet legal oder illegal. Daß man da nicht alle aufnehmen kann, ist genauso wahr, wie wir nicht die ganze Welt in einen grünen Massentümpel verwandeln können, auch wenn der Enthusiasmus der Jugend da zu großen Opfern bereit ist, um in einem oder zwei Fällen hier etwas durchzusetzen. Ich habe mich schon seinerzeit geärgert, wie die Regierung Kreisky so stolz auf die Abschaffung der Visa war, weil ich gewußt habe, es werden jetzt alle möglichen Leute kommen, die nur den Status eines Touristen haben, wenn sie aber in Not geraten, haben sie

keinerlei Anspruch auf die Betreuung, die sie brauchen. Ich habe gewußt, daß eine ungeheure schwierige Aufgabe auf uns zukommt.
Ich hoffe, daß die Österreicher, die menschlich gesinnt sind, auch verstehen, daß eine Person Hilfe braucht, die eben nicht Flüchtling im Sinne der Genfer Konvention ist. Die Genfer Konvention gehört noch schneller geändert als unsere Neutralität. Denn man kann jetzt nicht neutral sein zwischen Ländern, zwischen Blöcken, die einander nicht bekämpfen. Die Genfer Konvention ist aber auf diese Zeit aufgebaut. Sie wird sich ändern müssen, und statt dessen wird eine Art humanitäre Menschenrechtskonvention getroffen werden müssen. Wenn also aus irgendeinem Grund ein Land durch geographische Nähe überbelastet ist mit Verpflichtungen, die sich aus der Tatsache, daß man Mensch sein will, ergeben, dann hat die ganze Welt da mitzuarbeiten. Es könnte ja sein, daß in einer langen Periode des Friedens die Menschenrechte nicht nur ein theoretisches Programm, sondern eine lebendige Wirklichkeit werden. Könnte sein. Und dafür wird sich wahrscheinlich mein Nachfolger einzusetzen haben. Ich bin alt und verbraucht.

Ihr Engagement, Herr Prälat, war immer auch umstritten. Sie haben sehr oft die Harmonie und das Ruhebedürfnis der Gesellschaft gestört.

Ich glaube, das ist meine Verpflichtung.

Zur Person

Prälat Unger

Sie haben sich auch immer wieder, bei aller Loyalität zur Mutter Kirche, mit kirchlichen Hierarchien angelegt.

Ich weiß nicht, ob ich mich angelegt habe. Ich muß aber sagen, daß ich von meinen kirchlichen Vorgesetzten von Anfang an human behandelt worden bin. Ich erinnere mich zum Beispiel, es hat vor Jahrzehnten sogenannte Radioparlamente gegeben, und ich habe dort den damaligen Bundespräsidenten angegriffen und andere Leute. Und ich habe damals den Satz gesagt, ich bin der Meinung, daß die Kirche mit allen, mit beiden Parteien, leben kann, wenn die eine sich von ihrer Korruption und die andere von ihren antiquierten Dogmen befreit. Die Korruption war damals die ÖVP, und die antiquierten Dogmen waren der Marxismus österreichischer Prägung. Darob entsetzliche Empörung und so weiter. Die kirchlichen Oberen haben mich dagegen immer sehr verteidigt, sowohl der damalige Kardinal Innitzer, als auch später Kardinal König.

Mit derartigen Aussagen kann man vielleicht Bewunderung erringen, aber sich keine Freunde schaffen.

Komischerweise habe ich mir auch Freunde geschaffen. Es war in der Zeit der Ungarnkrise, da bin ich in die Lager gekommen, wo auch der damalige Innenminister Helmer war. Es war nichts vorbereitet, nur Stroh ist irgendwo gelegen. Und da habe ich öffentlich gesagt, daß das weiche Herz der österreichischen Bevölkerung und das weiche Hirn des Innenministers eine Situation geschaffen haben, die die katastrophale Art der Flüchtlingsbetreuung charakterisiert. Ich war nachher sehr befreundet mit ihm, und nach seiner Pensionierung ist er mich öfter besuchen gekommen. Also wollte er mich.

Haben Ihre Ansichten nicht auch Kritik bei Ihren Amtsbrüdern hervorgerufen?

Das weiß ich nicht. Es ist mir nicht berichtet worden. Ich habe mich nicht interessiert, welchen Ruf ich genieße. Ich habe das als selbstverständlich angesehen, nicht wahr, wenn Jesus die Huren und die Zöllner den Pharisäern vorzieht, daß ich nicht unbedingt nur in den Kreisen von abgestempelten Musterknaben berufen bin zu sagen, was ich für richtig halte.

Ihr Arbeitsstil, Herr Prälat, wird freundlich als leicht chaotisch beschrieben.

Ja, das ist ja modern heute, das Chaos. Es gibt bereits Chaoten, Chaosuntersuchungen. Die Wissenschaft langweilt sich über ihre Automatisierung und beginnt, das Chaos interessant zu finden. Auch Chaos kann Kosmos werden. Aus Organisation ein Durcheinander.

ZUR PERSON

Sie waren immer in Aktion und nie gerne im Büro, schon gar nicht bei Sitzungen.

Natürlich. Aber da gibt es genug Leute, die das mit Leidenschaft betreiben.

Die Tagesarbeit, Herr Prälat, haben Sie im Dezember 1988 abgegeben. Sie sind aber weiter Präsident der Caritas Österreich. Ein Leben im Dienst an den Mitmenschen.

Das meiste Elend ist abschaffbar. Meine Kurzformel: Die abschaffbare Not hat abgeschafft zu werden. Religiöse Gruppierungen und auch politische Parteien, die sich auf religiöse Bindungen berufen, haben die Pflicht, das Mögliche zu tun. Nicht nach dem Gesichtspunkt des Wählerfangs, einmal für in Not Befindliche zu sein und dann eben nicht. Und das könnte ja gelingen.
Wir haben ja allerhand Überraschungen erlebt. Eines ist sicher, die Faulheit kirchlicher Organisationen wird Platz machen müssen einer Lebendigkeit und Adaptierungsfähigkeit, weil ja die Weltgeschichte in einer dramatischen Weise sich immer schneller bewegt. Wir haben die realen Probleme so ernstzunehmen, daß wir die Art und Weise, wie wir als Kirche materiell existieren, diesen entsetzlichen Notständen anpassen werden müssen. Damit man nicht ein schlechtes Gewissen hat, daß man über Not predigt und selber gesichert

ist. Mit einem Wort, und das empfehle ich Ihnen, darüber nachzudenken: Es gibt das Wort Jesu: „Suchet zuerst das Reich Gottes, alles andere wird Euch dazugegeben werden." Sehr oft benehmen wir uns so, als hätte Jesus gesagt: „Suchet zuerst alles andere, das Reich Gottes wird Euch dazugegeben werden."
Dramatische Schnelligkeit ist für dieses Endstadium, für den letzten Akt des Dramas, von eminenter Wichtigkeit, wenn die Kirche das sein soll, was sie sein will. Die Hand Christi, die einem das Brot reicht und das Wort Gottes reicht und die Liebe verkündet, nicht als eine Sentimentalität, sondern als die Realität, die die Welt ändert, und als die Geheimwaffe, die eben stärker ist als alles, was mobilisierbar ist, um den Planeten aus der Welt zu schaffen.

Danke für dieses Gespräch.

Danke Ihnen.

Karlheinz Böhm

„Man lernt aus Mißerfolgen"

Erstsendung: 20. April 1992

Zur Person

16. März 1928 geboren in Darmstadt;
Volksschule in Dresden, Mittelschule in Kufstein und in der Schweiz;
1947 Abitur in Zuoz/Oberengadin;
Studium der Germanistik an der Universität Graz, Schauspielschule „Helmut Kraus" in Wien;
ab 1952 zahlreiche Filme;
1954 Heirat mit Elisabeth Zonewa;
1954, 55 und 57 Sissi-Filme;
1958 Hochzeit mit Gundula Blau;
1960 Rückkehr an die Theaterbühnen;
1973–1975 Zusammenarbeit (Film und Theater) mit Rainer Werner Fassbinder;
1976 Engagement am Basler Stadttheater;
1979 Engagement am Düsseldorfer Schauspielhaus;
16. Mai 1981 Auftritt in der Fernsehshow Wetten, daß. Karlheinz Böhm wettet, daß nicht einmal jeder dritte Zuseher für hungerleidende Menschen in der Sahelzone eine Mark spenden würde;
13. November 1981 Gründung von „Menschen für Menschen";
1983 Abschiedsvorstellung im Theater in der Josefstadt („Der Schwierige");
1991 Heirat mit der Äthiopierin Almaz Teshome;
Karlheinz Böhm lebt in Äthiopien.

KARLHEINZ BÖHM

Waren Sie als Kind einsam?

Ich nehme das an, soweit man noch Kindheitserinnerungen hat, die man nicht nur aus Bildern schöpft, sondern aus der echten Erinnerung. Ich glaube, daß ein Einzelkind bis zu einem gewissen Grad immer einsam ist, weil ja der Kontakt mit anderen Kindern fehlt.

Ihr Vater, der weltberühmte Dirigent Karl Böhm hatte für Sie wenig Zeit, sein Beruf verlangte dauernden Ortswechsel. Geboren sind Sie in Darmstadt, den Kindergarten besuchten Sie in Hamburg, die Volksschule in Dresden, die Mittelschule in Kufstein, das Lyzeum in der Schweiz, studiert haben Sie in Graz und in Rom. Sie führten ein Nomadenleben.

Ja, und das war durch den Beruf meines Vaters bedingt, wenn man davon absieht, daß mein Vater versucht hat zu verhindern, daß ich in den Wahnwitz des Zweiten Weltkriegs hineingezogen werde. Er war vorausschauend und hat gefürchtet, daß ich eingezogen werden könnte. Er hat mich 1939 zuerst nach Kufstein geschickt, wo ich dann ein Jahr ins Gymnasium gegangen bin, und mich von dort dann mit gefälschten Papieren, nämlich unter der Maßgabe, daß ich tuberkulosekrank sei, in die Schweiz geschickt. Dort habe ich den Krieg unversehrt überlebt – im Gegensatz zu den meisten Menschen des Jahrganges '28, die

ihr Leben in diesem Wahnsinn verloren haben.

Als reifer Mann machten Sie in Äthiopien Nomaden seßhaft. Äthiopien, das ist eine andere Welt. Das ist Armut, das ist Hunger, das sind aber auch intakte Familienstrukturen. Sind Sie auf der Suche nach einer Familie?

Auf der Suche bin ich nicht mehr. Aber ich möchte noch auf Ihre Bemerkung zurückgehen. Sie sagen, Äthiopien ist eine andere Welt. Es ist unsere Welt. Diese Menschen gehören zu uns, sie werden nur von uns so behandelt, als ob sie in einer anderen Welt leben würden. Was die Familie betrifft, war ich lange Jahre meines Lebens auf der Suche nach einer Familie. Wenn ich zurückdenke, so bekenne ich mich nicht nur zu allem, was ich getan habe, sondern bekenne mich auch zu den Menschen, die mein Leben geteilt haben, und betrachte sie als meine Familie, auch wenn es eine relativ große Familie ist.

Ist es die Suche nach Geborgenheit?

Das mag durchaus eine Rolle spielen, ja.

Wo sind Sie denn zu Hause?

Ich bin heute bestimmt in Äthiopien zu Hause, dort habe ich eine Lebensaufgabe gefunden,

die bis zu meinem letzten Atemzug mein Leben dominieren und bestimmen wird.
Auf der anderen Seite möchte ich ganz klar sagen, daß ich meine Kultur und den Kreis, in dem ich hier aufgewachsen bin, nicht verleugne. Das sage ich nicht nur hier in Wien, im Theater in der Josefstadt, das ich als meine künstlerische Heimat bezeichne. Auf der anderen Seite bin ich immer offen gewesen für Entwicklungen nach vorne. Und diese Entwicklung in Äthiopien mit den Problemen dieses Landes trägt zweifellos dazu bei, daß dieser Fleck Erde, wo ich Wurzeln geschlagen habe, ganz bestimmt Äthiopien sein wird.

Zuhause in Äthiopien. Aber ist Äthiopien auch Ihre Heimat?

Ja, ich habe dort viele Dinge gefunden, die ich vorher sehr vermißt habe. Die Art und Weise, wie Menschen, vor allem die in sehr extremer Not leben, miteinander kommunizieren, füreinander da sind, das war für mich etwas Neues. Und das hat mich an diese Menschen schon sehr gebunden. Ich bin durch meine Ehe mit einer Äthiopierin auch mit einer äthiopischen Großfamilie mit etwa fünfzig, sechzig Menschen sehr, sehr eng verbunden und habe damit ein ganz neues Gefühl von Familie bekommen. Meine Frau hat einmal angeregt, doch meine österreichische Familie – mein Vater stammte aus Graz und ich bin dort, rein rechtlich gesehen, auch beheimatet – zu einem gemeinsamen Abendessen zusammenzubringen. Wir sind auf neunzehn Mitglieder der Familie gekommen, worunter sich einige nicht gekannt haben. Das klingt jetzt sehr komisch, aber es war tatsächlich ein Faktum, und die Leute haben nachher ganz begeistert gesagt, daß es schön ist, sich einmal getroffen zu haben. Das wäre in Äthiopien nicht denkbar. Noch etwas anderes ist nicht denkbar: Daß es dort, wie bei uns Altenheime gibt, Pensionsheime oder wie man das nennt. Es gibt ja sehr schöne, sehr elegante, sehr teure. Wenn ich das einem Äthiopier erzähle, glaubt er, daß ich ihn auf den Arm nehme, daß ich einen blöden Witz mache. Und dann hat er eine sehr schlechte Meinung von uns, weil er sich einfach nicht vorstellen kann, daß ein alternder Mensch nicht im Kreise seiner Familie stirbt, sondern in irgend einem kalten, sterilen Raum, der weit weg von den Menschen ist, die ihn sein ganzes Leben begleitet haben.

Ihr Vater war in seinem künstlerischen Anspruch sehr streng. Er haßte jede Form der künstlerischen Mittelmäßigkeit. Das schlimmste musikalische Schicksal, das er sich vorstellen konnte, war Klavierlehrer in der Provinz zu sein.

Ich habe mit sechs Jahren angefangen, Klavierspielen zu lernen, und wurde von meinen Eltern, besonders von meinem Vater, immer in diese Richtung gedrillt. Er hat immer gesagt, du mußt das Höchste erreichen, du darfst nie im Bereich der Mittelmäßigkeit hängenbleiben. Das kann unter Umständen ein gewisses Hemmnis für mich gewesen sein. Obwohl ich jetzt mir gegenüber schon fast wieder mißtrauisch werde, weil ich als Kind ausgesprochen faul war und nicht gern geübt habe. Und als ich dann ein gewisses Niveau erreicht hatte, mit vierzehn, fünfzehn Jahren, habe ich dem berühmten Pianist Wilhelm Backhaus den 1. Satz aus dem C-Moll Klavierkonzert von Beethoven vorgespielt. Er hat zu mir gesagt: „Na ja, für den Sohn vom Böhm ist es ein bißchen wenig."

Sie wurden also weder Dirigent noch Pianist, sondern Schauspieler. Warum das?

Die Musik ist eine Form des Ausdrucks, die Schauspielerei ist eine andere Form des Ausdrucks, des Sich-Mitteilens an Menschen. Ich wollte mich Menschen mitteilen. Ich war damals in der Schweiz im Internat, in diesem Lyzeum Alpinum, und dort gab es eine Bühne, man konnte dort Theater spielen. Meine erste Inszenierung war bescheidenerweise der Urfaust von Goethe. Ich habe sowohl Regie geführt als auch den Faust gespielt. Ein bulgarischer Schüler hat mit einer Perücke das Gretchen gespielt, denn wir hatten keine weiblichen Schüler.

Karlheinz Böhm

ZUR PERSON

Wissen Sie zufällig, was aus diesem Schüler wurde?

Ja, das weiß ich genau, er ist Vorstandsvorsitzender einer der größten Ölkonzerne Europas geworden.

Kann man sagen, von der Schmiere zum Ölgeschäft?

Das kann man sagen, ja. *(Lacht)*

Einer großen Schauspielerin, nämlich Käthe Dorsch, verdanken Sie eine schauspielerische Lebensregel. Kennen Sie die noch?

Oh ja. Das werde ich nie vergessen. Ich habe einmal ein Stück übernommen, das zweite Stück, das ich mit Käthe Dorsch spielen durfte, das war ein Stück von Somerset Maugham. Eine Rolle in diesem Stück spielte Heinrich Schweiger, der inzwischen auch ein großer Schauspieler geworden ist. Als er krank wurde, bekam ich den Auftrag, diese Rolle zu übernehmen.
Ich hatte eine Szene, in der ich bitterlich weinen mußte. Und bei der Aufführung habe ich also wirklich bitterste Tränen geweint und war von mir so ungeheuer begeistert wie selten in meinem Leben, und bin nachher zu ihr hingegangen und habe erwartet, daß sie sagt: „Also toll!" Aber sie hat mich einen Moment von der

Seite angeschaut und hat gesagt: „Ja, ganz nett." Und ist weggegangen in ihre Garderobe. Ich war wütend und habe gedacht: Wieso ist die so arrogant und blöd? Und bin ihr noch einmal nachgegangen und habe zu ihr gesagt: „Waren Sie nicht zufrieden? Oder war irgend etwas nicht in Ordnung?" Und daraufhin hat sie mir den bemerkenswerten Satz gesagt: „Weißt du, die unten müssen weinen, du nicht."

Später haben die unten geweint: Mit Ihren Sissi-Filmen haben Sie ganz Europa zu Tränen der Rührung verführt. Waren diese Filme schauspielerisch, künstlerisch anspruchsvoll?

Nein. Ich möchte damit allerdings nicht die Kollegen in irgend einer Weise angreifen, die mit mir in diesem Film mitgewirkt haben. Ich möchte nur für meine Person sagen, wenn ich diese Filme heute sehe, sehe ich mich darin von der künstlerischen Seite sehr, sehr kritisch. Das war zum Teil sehr anfängerhaft und sehr harmlos.
Ich möchte aber zu diesen Filmen generell etwas sagen: Sie sind für mich heute ein kulturhistorisches Phänomen. Ich bin durch das Jahr '68 gegenüber diesen Fünzigerjahren und diesem Wirtschaftswunder, das sich damals entwickelt hat, extrem kritisch geworden. Man könnte es fast als einen Tanz um das Goldene Kalb bezeichnen, in dem ich selbst sehr viel

ZUR PERSON

mitgetanzt habe. Diese Filme stellen diese entsetzliche Horrorgeschichte der Ehe von Kaiser Franz Joseph und Elisabeth von Österreich als eine romantische, rosarote Marzipanschweinchengeschichte dar, als Geschichte eines idealen Ehepaares. Tatsächlich war das Leben dieser zwei Menschen bis zu dem schrecklichen Tod der Elisabeth, bis zu ihrer Ermordung, und bis zu dem Tod von Kaiser Franz Joseph etwas, was man sich grauenhafter nicht hätte vorstellen können. Wenn man das damals so idealisiert hat, dann entspricht das der Zeit der Fünfzigerjahre, wo wir mit dem fürchterlichen Morden der Nationalsozialisten – und heute gibt es ja schon wieder entsetzlicherweise Rechtsruck und Überschattungen von Menschen, die in dieser Richtung denken – nicht fertig wurde.
Es waren achtundvierzig Millionen Menschen, die ihr Leben durch diesen Wahnsinn eines einzelnen Menschen, der ja noch dazu ein Österreicher war, verloren haben. Wir haben uns dieser Verantwortung nicht gestellt – wenn ich sage wir: die Generation meiner Eltern und meine Generation –, sondern wir haben es übertüncht durch Materialismus. Und da sind diese Sissi-Filme, finde ich, ein eklatantes Beispiel.

Das war die Flucht in die heile Welt.

Genau.

Ihre Filmpartnerin Romy Schneider hat Ende Mai 1992 ihren 10. Todestag.

Ja. Ich muß der Wahrheit die Ehre geben und gestehen, daß ich zu Frau Romy Schneider, der wunderbaren Schauspielerin der letzten zehn Jahre ihres Lebens, wenig Kontakt hatte, daß ich sie fast überhaupt nicht kannte. Ich habe sie ein einziges Mal 1963 ganz kurz in Paris getroffen, für ein oder zwei Stunden. Ich weiß auch nicht, wie sie sich entwickelt hat, und ich muß auch, entgegen aller Erwartungen eines Fanpublikums, sagen, daß unsere Beziehung während der Drehzeiten der drei Sissi-Filme und des vierten Films, „Kitty und die große Weltkonferenz", eine nette, freundschaftliche, kameradschaftliche war. Darüber hinaus nichts. Ich kann mich auch kaum an die Male erinnern, wo wir allein abend- oder mittaggegessen hätten, da waren immer ihre Eltern dabei, oder Filmmenschen.
Ich habe zu ihr keine private Beziehung. Ich kann daher auch ganz wenig über diesen Menschen Romy Schneider aussagen.

Bedauern Sie heute, sich nicht um einen offenbar einsamen Menschen gekümmert zu haben?

Nein. Von der Einsamkeit, muß ich ehrlich gestehen, wußte ich nicht. Wenn ich das bedauere, dann könnte ich auch bedauern, daß ich mit vielen, fünfzig, hundert, fünfhundert Kollegen, mit denen ich in meinem Leben zu tun gehabt hatte, in Amerika, in England, in Frankreich, in Japan, in Deutschland, in Österreich, ganz gleich, wo ich gedreht habe, nicht nähere Kontakte hatte. Es sind nur einige wenige gewesen, mit denen man sich näher gekommen ist. Ich glaube, das ist in jedem Beruf normal. Man kann sich nicht mit jedem Menschen intimer anfreunden, mit dem man zusammen arbeitet.

Romy Schneider war eine Schauspielerin, die an ihrem Beruf zerbrochen ist.

Da bin ich nicht sicher, soweit ich das von außen her beurteilen kann. Ich weiß von vielen Journalisten, daß Romy Schneider in jeder Pressekonferenz, ob da Kameras gestanden haben oder nicht, wenn nur der Name Sissi erwähnt wurde, hinaus rannte. Das heißt, sie muß diesen Teil ihres Lebens als eine große Belastung empfunden haben, aus was immer gearteten Gründen, die mir unbekannt sind. Sie hat sogar versucht, sich von diesen Filmen zu distanzieren. Und ich glaube, das ist ein radikaler Fehler, denn man muß sich zu jeder Minute seines gelebten Lebens bekennen, ob es einem jetzt paßt oder nicht, ob man glaubt, daß man nur Gutes oder viel Schlechtes gemacht hat, das ist eine andere Frage. Ich glaube, das hat diese Frau mit zerbrochen, soweit ich das beurteilen kann.

Karlheinz Böhm

Stichwort: Bekennen. In Ihrem neuen Buch „Mein Weg" schreiben Sie, daß Sie als junger Mann einen Selbstmordversuch gemacht haben.

Ja.

Warum?

Das Warum ist irrelevant. Es geht in sehr intime Sphären, die auch mit der Beziehung zu meinen Eltern zu tun hat. Aber jede Rechtfertigung würde ich als falsch empfinden. Ich habe eine Entwicklungsphase in meinem Leben gehabt, wo ich als spätpubertärer Mensch – ich habe sehr spät meine Pubertät gehabt – mit einigen Problemen, auch wahrscheinlich erotischer, sexueller Art, nicht fertiggeworden bin. Und ich habe geglaubt, daß ich es nicht anders lösen kann, als meinem Leben ein Ende zu bereiten.
Meine Einstellung zum Freitod ist heute mehr denn je, daß jeder Mensch das Recht hat, sein Leben zu beenden, wenn er glaubt, daß er die Verantwortung den anderen Menschen, die mit ihm zusammenleben, gegenüber tragen kann, und wenn er es sich selbst gegenüber verantworten kann.

Nach Ihren Erfolgen mit den Sissi-Filmen spielten Sie wieder Theater, drehten in den Fünfzigerjahren insgesamt vierunddreißig Fil-

me. 1960 drehten Sie letztlich einen Film, der bei der Kritik auf radikale Ablehnung stieß: „Peeping Tom".

Der Film „Peeping Tom" wurde damals von der gesamten Kritik abgelehnt. Er war gleichzeitig verbunden mit den größten Hoffnungen, die ich, glaube ich, beruflich in meinem Leben je hatte. Ich war fest überzeugt, ich würde eine Karriere in Amerika anfangen und eine Weltkarriere beginnen. Ich glaube, der späte Erfolg dieses Filmes – heute gilt er als einer der großen Kultfilme der Filmgeschichte – beruht nicht auf meiner eigenen Leistung. Denn das hätte vielleicht ein anderer besser spielen können. Aber der Film setzt sich mit dem Phänomen Film auseinander und mit der Frage, welche Schuld wir auf uns laden, wenn wir unsere Kinder negativ beeinflussen. Damit zeigt er eine entsetzliche Parallele zu der Generation der Eltern, die ihre Söhne in den Krieg vom Nationalsozialismus getrieben hat. Das macht den Film zu einem der großen Kunstwerke der Filmgeschichte überhaupt.

Sie stürzten nach diesem Film in eine künstlerische Krise.

Scheinbar. Man glaubt ja immer, daß ein Mißerfolg unter Umständen etwas Bedeutendes ist, daß einen das zurückwirft. In Wirklichkeit lernt man aus Mißerfolgen mehr als aus Erfol-

gen. Der Erfolg täuscht einen leicht über etwas hinweg und läßt einen Zukunftshoffnungen haben, die sich dann nicht erfüllen.
Aber dieser Mißerfolg, der hat mich damals nachdenklich gemacht, der hat mich in aller Verzweiflung dazu gebracht, mich selbst zu überdenken. Ich habe dann wieder an der Basis angefangen und Theater gespielt, Fernsehen, Theatertourneen gemacht und Dinge vom Handwerk gelernt, die ich in meiner Jugend leider nicht gelernt hatte.

Zehn Jahre danach, im Jahre 1973, lernten Sie Rainer Werner Faßbinder kennen. Wie hat Sie das verändert?

Nun, ich möchte sagen, das für mich vielleicht bedeutendste Jahr von Veränderungen war das Jahr '68. Die Generation des Jahres '68 hat uns Ältere der Fünfzigerjahre darauf hingewiesen, welchen Blödsinn wir gemacht haben, wie wenig wir uns moralisch und ethisch mit diesen entsetzlichen Problemen auseinandersetzen haben können.
Diese so unbequeme Revolutionsgarde, die da plötzlich auf die Straße gegangen ist und das angebliche Wirtschaftswunder zertrümmert und zerschlagen hat, zum Teil leider auch mit Gewalt, was ich damals und heute genauso ablehne, das hat mich sehr nachdenklich gemacht. Und ich bin dann ab einem gewissen Moment ganz bewußt auf der Suche nach Menschen ge-

Zur Person

wesen, die kritisch ihrer Zeit gegenüber stehen. Und einen besseren, einen schärferen, einen unbestechlicheren Kritiker als Rainer Werner Faßbinder hätte ich nicht finden können. Ich habe dann durch einen Zufall Ende der Sechzigerjahre in München in einem Theater, das hieß „Die Witwe Bolte", das Stück „Das Kaffeehaus" von Goldoni in einer Inszenierung mit ihm gesehen. Ich bin einfach auf ihn zugegangen, ich wollte ihn sehen, und diese zwei Jahre Faßbinder haben wahrscheinlich mein Leben tiefgreifender verändert als irgend etwas anderes, was in meinem Leben überhaupt passiert ist.

Ich bin nachdenklich, selbstkritisch geworden, was ich früher nie gewesen bin. Ich bin sehr gesellschaftskritisch geworden, ich habe begonnen, mich politisch zu engagieren. Ende der Sechzigerjahre bin ich zum ersten Mal in einen Parteikampf gegangen. Außer Fritz Muliar war kein einziger österreichischer Schauspieler irgendwo in einer Partei engagiert, denn es hieß: Ein Künstler ist kein Politiker! Man macht keine Politik! So etwas ist unanständig. Das hat mir schon mein Vater in meiner Jugend immer gesagt. Ich habe mich damals für Bruno Kreisky, den ich sehr bewundert habe und es auch heute noch ungebrochen tue, engagiert.

Das waren alles Schritte einer Selbstfindung, die in meinem Fall mit vierzig Jahren passiert ist. Es tut mir manchmal leid, daß es nicht schon früher passiert ist.

ZUR PERSON

Sie haben Ihr privates Leben in der Zusammenarbeit mit Rainer Werner Faßbinder auch verändert. Sie sind sogar für einige Monate in eine Wohngemeinschaft gezogen. Dort spielte die Truppe das „Wahrheitsspiel". Was war das?

Das war eine schreckliche Sache. Da denke ich also wirklich nur mit Entsetzen zurück. Man hat sowieso schon sehr intensiv dort Tag für Tag im Studio miteinander verbracht, und am Abend saß man dann zusammen, und dann hat Faßbinder verlangt, daß man sich gegenseitig absolut wahrhaftig, und zwar ohne die geringste Einschränkung ins Gesicht sagt, was man voneinander denkt.
Das hat zu Spannungen, zu Auseinandersetzungen zwischen Menschen geführt, die Faßbinder – und das war hochinteressant – zu einer Art Tierbändiger gemacht hat, der alle faktisch in der Hand hatte und jeden so manipulieren konnte, wie er wollte. Weil die Menschen untereinander mit einer solchen Spannung gelebt haben. Es war eine schreckliche Geschichte. Es war aber damals nicht nur er, der das gemacht hat, sondern es war in solchen Wohngemeinschaften damals ziemlich an der Tagesordnung.

War Faßbinder Ihr Guru?

Nein. Nein. Ich habe Faßbinder gegenüber immer eine sehr kritische Einstellung gehabt.

Aber ein Satz wird mir unvergeßlich sein, den er mir mal gesagt hat, und der war vielleicht der Auslöser von „Menschen für Menschen". Er hatte mir einmal ein Buch angeboten, ein Drehbuch, das wir dann auch verfilmt haben, das hieß „Mutter Küsters Fahrt zum Himmel", ein Remake eines Filmes aus den Dreißigerjahren. Als ich das Buch gelesen hatte – wir waren am Theater am Turm in Frankfurt zusammen -, bin ich zu ihm in die Direktionskanzlei gegangen und habe gesagt: „Du sag mal, ich verstehe dich überhaupt nicht mehr. Ich weiß, daß du gegen die Rechten bist, gegen die Nazis, gegen die Extremisten, gegen Gewalt, gegen die linken Extremisten, gegen dies und jenes. Für was bist denn du eigentlich?" Er hat seine Füße vom Tisch heruntergenommen, hat seine kleinen Äuglein riesig groß aufgerissen, hat mich angeschaut und dann gesagt: „Weißt du, ich beobachte nur, wo es stinkt und wo etwas faul ist. Ob das rechts oder links ist, oben oder unten, ist mir ganz wurscht. Und wo ich etwas sehe, schieß ich."
Das war für mich eine politische Einstellung, die auch mein gesellschaftspolitisches Denken geprägt hat wie nichts zuvor. Und das hat dann letztlich ausgelöst, daß ich eines Tages gesagt habe, nur zu reden oder zu schreiben nützt nichts, man muß etwas tun.

Sie stammen aus einer zutiefst bürgerlichen Familie. 1943 hat sich Ihr Vater am Zürcher

Hauptbahnhof von Ihnen verabschiedet und Ihnen einen Schwur abgenommen.

Richtig.

Den Schwur nämlich, sich nie politisch zu betätigen.

Das ist bei ihm begreifbar, und ich will das überhaupt nicht entschuldigen, aber zur Erklärung sagen: Er stammt aus einer großbürgerlichen Familie, sein Vater war einer der angesehensten Anwälte in Graz. Er ist noch in die kaiserlich-königliche ungarisch-österreichische und was immer Monarchie hineingeboren worden, dort war es in einer bürgerlichen Gesellschaft nicht anständig, sich politisch zu betätigen. Er war nur kurze Zeit im Ersten Weltkrieg, ist dann durch eine Verletzung, lustigerweise durch einen Esel, der ihn geschlagen hat, nicht etwa durch einen Schuß oder irgendwas, aus diesem Krieg herausgekommen, hat weiter als Künstler gearbeitet.
Dann kam die Umbruchszeit bis hin zum Nationalsozialismus. Dort war es wieder nicht fortun, sich in irgendeiner Weise politisch zu engagieren. Und er hat sich ja von '33 bis '45 insofern immer moralisch sich selbst gegenüber verantwortet, als er gesagt hat: „Ich bin nicht in die Partei eingetreten, ich habe mit denen nichts zu tun, ich mache Kunst."
Das wäre heute nicht mehr denkbar. Das ist in

einer Diktatur vielleicht denkbar, aber in einer Demokratie nicht mehr vorstellbar. Aus diesem Grund habe ich ihm Ende der Sechzigerjahre ganz klar gesagt: „Also ich muß dir dieses mein Versprechen zurückgeben, und ich muß dich auch bitten, daß du von dir aus mir diese Verpflichtung erläßt, denn ich kann es nicht mehr halten. Ich bin Demokrat, ich fühle mich einer Gesellschaft verantwortlich, in der ich lebe, und deswegen möchte ich mich politisch betätigen."

Ihr Vater machte in der Nazizeit Musik, aber auch Karriere. Er wurde 1943 Direktor der Wiener Staatsoper. Hat er sich selbst an diesen Schwur, den er Ihnen abgenommen hat, gehalten?

Soweit ich das nachvollziehen konnte, und soweit ich mich mit ihm selbst unterhalten habe, ja. Er hat seine Karriere gemacht, er hat sich öfters so exponiert, daß man ihm das nach dem Krieg vorgeworfen hat. Diese Vorwürfe mögen aus der Sicht des heutigen Demokraten vollkommen richtig sein, in der damaligen Zeit war es eine Form des Überlebens, auch wenn man damit nicht einverstanden war.

Kann ein Künstler unpolitisch sein?

Wir sagen heute nein. Damals war es durchaus möglich und denkbar.

Also gibt es unpolitische Kunst.

Ich sehe das heute nicht mehr so. Ich sehe heute die unpolitische Kunst als eine unterdrückte Kunst. Ich würde mir heute nicht vorstellen können, daß ich mich als Künstler in irgendeiner Form ausdrücke, ohne nicht die Wahrheit zu sagen und damit kritisch zu sein.

Was ist die Wahrheit?

Das ist eine gute Frage. Da haben schon viele darüber nachgedacht, wesentlich bedeutendere Menschen als ich das bin. Die Wahrheit ist, wenn man das, was man sagt, und das, was man tut, vor sich selbst rücksichtslos verantworten kann. Und es auch anderen Menschen so sagen kann, ohne eine Scheu, ohne es in irgendeiner Weise einzuschränken.

Wahrheit ist also nicht lügen.

So könnte man es auch ausdrücken, ja.

Ihre Mutter war Sopranistin an der Münchner Staatsoper, Thea Linhardt hieß sie, und hat ihren Beruf aufgegeben. Eine Künstlerin, die ihren Beruf aufgibt. Warum?

Ja, das hat mit verschiedenen Dingen zu tun. Zum einen war mein Vater in jeder Beziehung ein enorm dominierender Mensch. Wenn ich

es ihm gesagt hätte, hätte er mich entweder ausgelacht oder wäre vielleicht sogar sauer gewesen. Aber er hat als Künstler sein Leben extrem ausgelebt, sein absolutes Bekenntnis zur Musik war für ihn das einzige, was es auf der Welt überhaupt gegeben hat. Er hatte eine wirklich phantastische Disziplin und hat Anforderungen an seine ganze Familie, da kann ich mich ruhig dazuzählen, gestellt, die die eigene Entfaltung bis zu einem gewissen Grad überschattet haben.
Ich kann mir vorstellen, daß das einer der Gründe war, der meine Mutter dazu gebracht hat, Schritt für Schritt ihren Beruf aufzugeben. Sie hatte eine herrliche Stimme – es gibt eine Platte von ihr, die ich immer wieder gerne höre, und die das dokumentiert. Sie hat dann allerdings 1945, als mein Vater wie alle Künstler, die im Krieg exponiert waren, verboten war, und wir kein Geld hatten, und es uns wirklich nicht sehr gut ging, ihren Beruf auf einer ganz anderen Ebene, nämlich als Gesangslehrerin in Graz, wieder aufgenommen. Und wir haben durch ihre Arbeit überhaupt überleben können.

Ich nehme Ihre Aussage „dominanter Vater" auf und frage: Heißt Künstler sein zugleich auch Egoist sein?

Welcher Mensch ist nicht Egoist? Welcher Mensch ist nicht irgendwie Ich-bezogen in seiner eigenen Entwicklung in seinem Beruf. Ich glaube, wenn jeder Mensch zu sich ehrlich ist, wird es wenig Menschen geben, die nicht Egoisten sind. Es ist nur die Frage, wie weit der Altruismus auch noch ein bißchen Platz hat. Aber Egoist, glaube ich, ist jeder Künstler.

In den späten Jahren Ihres Vaters entwickelten Sie zu ihm eine Art Freundschaft.

Ja. Ich konnte mit ihm über alles reden, wir haben über viele Dinge diskutiert, eigentlich bis zu seinem letzten Atemzug. Er ist ja in meinen Armen gestorben in Salzburg am 14. August 1981. Und durch ein bestimmtes Erlebnis in seinem Leben, wo er meiner bedurft hat, eigentlich zum ersten Mal wirklich bedurft hat, ist eine späte Männerfreundschaft entstanden, die allerdings mit einer Vaterbeziehung, glaube ich, nicht mehr viel zu tun hatte. Das hätte ich mir damals aber auch gar nicht mehr erwartet.

Der Kosename Ihrer Eltern für Sie war „alter Bub".

Ich weiß nicht, das könnte ich nachinterpretieren, daß ich vielleicht altklug war wie so viele Einzelkinder. Sonst wüßte ich eigentlich keine andere Erklärung dafür.

Im Jahr 1981 gründeten Sie „Menschen für Menschen". Das war auch das Todesjahr Ihrer

ZUR PERSON

Eltern. Gibt es da einen Zusammenhang, oder ist es Zufall?

Ich glaube, das ist ein reiner Zufall. Denn ich hatte ja gesagt, ich werde immer wieder gefragt, ob es da ein Aha-Erlebnis gab, das diesen scheinbaren Wechsel in meinem Leben – ich sage bewußt scheinbar – erzeugt hat.
Ich glaube, daß das Jahr '68 oder das Treffen mit Faßbinder mich wesentlich mehr in dem beeinflußt hat, was ich dann '81 getan habe, als irgend etwas anderes. Ganz bestimmt nicht der Tod meiner Eltern, die ja beide im gleichen Jahr, traurigerweise, kurz hintereinander gestorben sind.

1982 siedelten Sie im Erertal im Osten Äthiopiens in vier Dörfern zweitausend Flüchtlinge an. Dort haben Sie auch ein kleines Häuschen und leben mit Ihrer neuen Familie – drei Ehen sind gescheitert, aus diesen drei Ehen haben Sie fünf Kinder. Ist das jetzt das späte Glück, das Familienglück, das Sie Ihr Leben lang gesucht haben?

Ich bin sehr vorsichtig in dem, was ich jetzt sage. Ich habe dreimal wirklich geglaubt, daß ich ein Familienleben, ein Glück gefunden habe. Dann hat sich herausgestellt, daß ich nicht in der Lage war, auf die Schwächen meiner Partnerinnen und der Menschen, die mit mir zusammengelebt haben, einzugehen.

Ich bekenne mich, das habe ich vorhin schon gesagt, zu allen diesen Menschen, nicht nur zu meinen Freunden aus allen meinen Lebenszeiten, besonders auch zu den drei Frauen, die mein Leben, wie zum Beispiel meine damalige Frau Barbara sechzehn Jahre lang, geteilt haben, ich bekenne mich voll dazu. Das sind Kontinuitäten, wo ich mich heute sehr kritisch sehe, daß das gescheitert ist. Ich habe einen Menschen gefunden, mit dem ich seit fünf Jahren in einem ungetrübten Glück lebe, wo ich die ganze Hoffnung hineinsetze, daß das bis zu meinem letzten Atemzug so ist. Ich glaube daran, so wie ich mein ganzes Leben lang immer an das geglaubt habe, was ich tue. Und ich bin heute in meinem Privatleben, aber auch in der Arbeit „Menschen für Menschen" so erfüllt und so glücklich, wie ich es mir immer erträumt habe.

Ihr jüngster Sohn ist sechzehn Monate alt.

Richtig.

Wiederholen Sie die Fehler, die Sie bei Ihren anderen Kindern in der Erziehung gemacht haben, im Nichtvorhandensein für Kinder, oder sind Sie für den kleinen Nikolas da?

Ich versuche, für ihn dazusein, so wie ich früher, wenn ich es rückblickend sehe, für meine Kinder vielleicht nicht da war. Vielleicht haben sie sich mehr von mir erwartet. Auf jeden Fall für meine ersten vier Kinder muß ich das sagen. Wenn man bewußt lebt und sich selbst gegenüber kritisch ist, dann ist es klar, daß man versucht, Fehler nicht noch einmal zu machen, die man früher gemacht hat.

Wie vielen Menschen haben Sie in Äthiopien geholfen?

Mit den Zahlen bin ich sehr vorsichtig. Schauen Sie, ich könnte Ihnen jetzt sagen, und das ist sicher sehr beeindruckend, daß wir etwa dreihundertfünfzigtausend Menschen das nackte Überleben gerettet haben. Ich könnte Ihnen auch ohne jede Übertreibung sagen, daß wir ein paar hunderttausend Menschen geholfen haben, eine gesicherte Existenz zu finden. Aber ich könnte Ihnen genauso sagen, daß heute in der Zeitung steht, leider nicht als Schlagzeile, sondern irgendwo unter Vermischtes ganz klein hinten, daß in Äthiopien schon wieder neun Millionen Menschen vom Verhungern bedroht sind.
Können Sie mit der Zahl etwas anfangen? Neun Millionen Menschen! Sie können mit einem Menschen etwas anfangen. Aber die Zahlen, so beeindruckend sie vielleicht in der ersten Sekunde sind, so schnell und flüchtig liest man über diese Zahlen wieder hinweg und macht sich keine Vorstellung darüber, daß es eben nicht neun Millionen Menschen sind, die

vom Verhungern bedroht sind, sondern neunmillionenmal ein Mensch. Und an diesen einen Menschen habe ich in diesen zehn Jahren immer wieder versucht zu denken.

Was bedeutet für Sie persönlich Hilfe? Gibt das Ihrem Leben Sinn?

Ganz bestimmt. Also ich werde nie die Frage eines Sternreporters im Jahre 1983 in Äthiopien vergessen, der mich mit einem ungläubigen Gesichtsausdruck gefragt hat: „Sagen Sie mal, befriedigt Sie das, was Sie hier machen?" So, als ob das etwas Unanständiges wäre. Ich muß Ihnen gestehen, es gibt nichts, was mich so befriedigt hat in meinem Leben, denn ich empfinde es, ohne da jetzt in irgendwelche religiöse Begriffe gehen zu wollen, als eine absolute Gnade, Menschen helfen zu dürfen.
Ich tue das ja auch nicht nur durch meine eigene Initiative, ich tue es mit Hilfe von Millionen anderer Menschen, die mir die Möglichkeit geben durch Geldmittel und durch eine auch moralische Unterstützung, Menschen in extremster Not zu helfen, wo Wirtschaftssysteme und wo Staaten versagen. Und das ist etwas, was mich glücklicher macht als irgend etwas, was ich vorher in meinem Leben habe machen dürfen.

Wieviel Geld haben Sie schon für „Menschen für Menschen" gesammelt?

Etwa hundertsechzig Millionen D-Mark, also umgerechnet zirka eine Milliarde Schilling.

Sie haben zuerst religiöse Gründe angesprochen. Sie sind Freimaurer?

Ja.

Ist die Äthiopienhilfe für Sie so etwas wie die Arbeit am „harten Stein"?

Wenn Sie wollen, ja. Die Freimaurerei war auch einer der wichtigen Wegsteine in meinem Leben. Ich sage nicht „war", weil ich mich davon getrennt hätte, aber von der aktiven Mitarbeit in Logen habe ich mich weitgehend, alleine aus Zeitmangel, distanzieren müssen. Aber die Grundidee der Freimaurerei, die Arbeit am harten, sehr harten Stein, das ist mir geblieben. Ich versuche zu verändern, genau wie es in der Grundidee der Freimaurerei festgelegt ist.

Wie ist derzeit die Situation in Äthiopien?

Die Situation ist, das muß man einmal sagen, absolut vergleichbar der Situation 1984. Ich möchte daran erinnern, daß im Jänner 1984 vor der UNO in New York der damalige Leiter der äthiopischen Hilfsorganisation, der später nach Amerika emigriert ist, ganz klar auf die Bedrohung seines Volkes von einer Dürrekatastrophe hingewiesen hat, daß so und so viele Menschen

an Hunger sterben werden. Die Weltöffentlichkeit hat keine Notiz genommen.
Es ist genau wie jetzt auf den letzten Seiten von irgendwelchen Tageszeitungen erschienen, das Fernsehen hat überhaupt keine Notiz davon genommen. Dann im September 1984 hat ein englisches Fernsehteam vom BBC zufällig einen Film im Norden Äthiopiens gedreht, wo sie die ersten Hungerleichen gezeigt haben – ich sage das jetzt ganz brutal und zynisch. Diese Hungerleichen, diese entsetzlichen ausgemergelten, fürchterlichen Körper von Menschen, haben dann diese ungeheure Hilfswelle ausgelöst, nachdem die ersten Hunderttausend gestorben waren. Und genau dasselbe passiert jetzt wieder.
Die Ereignisse in Jugoslawien oder die Ereignisse in der ehemaligen Sowjetunion oder ganz wurscht wo, oder in Afghanistan, die überschatten die Schlagzeilen in den Medien. Wir sprechen nicht davon, die Hilfsorganisationen reagieren verzweifelt, weil die Möglichkeiten zu helfen gering geblieben sind. Die Staaten reagieren überhaupt nicht. Die Dürrekatastrophe mit der wirtschaftlichen Not des Landes als Folge des Zusammenbruchs nach dem Bürgerkrieg und der Diktatur von Mengisto ist schlimmer als '84 oder '85. Und trotzdem reagieren die Medien nicht, bis dann die kleinen Kinderlein mit ihren ausgemergelten Körpern und vielleicht mit den aufgeblähten Bäuchen dastehen. Dann sind wir vielleicht

entsetzt, und dann tun wir was. Aber bis dahin nichts.

Es gibt im Erertal Unruhen, die Politik führt zu Hungerkatastrophen. Ist Ihr Projekt gefährdet?

Das ist im Moment durchaus gefährdet. Eine islamisch-fundamentalistische Gruppe, die seit vielen Jahren schon gegen den Diktator Mengisto gekämpft hat, ist jetzt völlig außer Kontrolle geraten.
Wie lange das geht, bis sich Äthiopien unter Umständen einer durchaus Jugoslawien vergleichbaren Situation nähert, das wage ich nicht zu sagen, obwohl ich hoffe, daß die Vernunft am Ende doch obsiegt. Allerdings, in dem Fall geht es um fanatische Anhänger einer Religion, und die sind ja, das wissen wir alle, das gefährlichste Moment für eine Kriegsauslösung.

Äthiopiens Diktator Mengisto wurde gestürzt. Es gab Kritik an Ihnen, daß Sie mit Mengisto zu eng kooperiert hätten, daß Ihr Projekt dazu geführt hätte, das wankende Regime zu stützen und zu unterstützen.

Also das hat mir, Gott sei Dank, noch nie jemand gesagt. Ich bin 1981 nach Äthiopien als ein völlig Unwissender gegangen und habe mich zu diesem Unwissen bekannt.
Die Grundsätze von „Menschen für Menschen" sind unabhängig von Politik, Wirt-

schaft und Religion. Ich wollte nicht Hilfe unter der Bedingung „daß" geben, sondern wollte Menschen helfen ohne Bedingung, und das hat dazu geführt, daß ich selbst in einer Diktatur wie der von Mengisto in der Lage war, Menschen zu helfen. Man hat uns ziemlich ungeschoren unser Projekt entwickeln lassen, ich kann fast sagen, völlig ungeschoren, so wie wir uns das vorgestellt haben, und nicht so, wie die Regierung es verlangt hat.
Allerdings, ich habe einen Grundsatz, zu dem ich mich heute genauso bekenne wie damals. Nämlich ich habe die Regierung und das, was sie getan hat, nicht außerhalb des Landes Äthiopien kritisiert, sondern im Land. Ich war einer der ganz wenigen, wenn nicht der einzige, der zu Mengisto persönlich hingegangen ist. Ich habe zweimal, einmal fast zweieinhalb Stunden, in einem sehr persönlichen Gespräch unter sechs Augen mit einem Dolmetscher die Umsiedlungspolitik und die Verdörflichungspolitik auf das schärfste kritisiert und ihm Dinge auf sehr freundliche Art und Weise ins Gesicht gesagt, die kein anderer sich auszusprechen getraut hat. Das hat zwar mein Image politisch nach außen nicht verbessert, aber es ist uns gelungen, zum Beispiel die zweite Phase der Umsiedlung zu verhindern. Und es ist mir persönlich gelungen, dreiundzwanzig politische Häftlinge aus dem Gefängnis zu holen, von denen ich nicht glaube, daß sie sonst freigekommen wären.

ZUR PERSON

Sie sagten, Sie seien unwissend nach Äthiopien gegangen.

Ja.

Welche Fehler haben Sie gemacht?

Ich kann Ihnen da ein paar ganz grundsätzliche Beispiele nennen, die zum Teil ganz komisch klingen. Am Anfang wußte ich ja nicht, wie wir die Dörfer aufbauen. Ich wußte nicht, welche Größe die Häuser haben sollten, oder wie weit die Häuser von einander entfernt sind, mit welchem Material man bauen soll und so weiter. Und ich habe mich einfach mit den neu anzusiedelnden Bauern zusammengesetzt und gefragt: „Wie groß wollt ihr's?" Und da haben mir die die Größen angegeben und gesagt: „Also, der Teppich, der hier liegt, ist ungefähr die Größe, wie die Häuser waren, vielleicht ein bissel größer." Und dann, was für ein Material das sein soll? Das sollte aus Tschika, also aus Lehm und gehesckeltem Gras gebaut werden. Und dann Wellblechdächer, das ist der größte Luxus, den sich ein Äthiopier vorstellen kann. Und die Häuser sollten ungefähr so fünfzig Meter auseinander sein.

Nach wenigen Monaten ist eine Abordnung von Frauen bei mir erschienen und hat gesagt: „Sag mal, Karl, was stellst du dir eigentlich vor? Wir können nicht mehr mit den Frauen in

den anderen Häusern kommunizieren, wir müssen brüllen, wenn wir unsere Wäsche waschen, daß wir uns überhaupt verständigen können. Fünfzig Meter ist ein Irrsinn. Warum baust du die Häuser so weit auseinander?" „Das", habe ich gesagt, „haben wir mit Euren Männern ausgehandelt." Und dann wurde groß diskutiert, und dann haben wir in den Zwischenreihen auch Häuser gebaut.
Oder der Lehm – wir sind draufgekommen, daß es in diesem Tal keinen Lehm gibt. Weil die Bauern nach einem Regen die Häuser wieder verputzen wollen, mußten wir den Lehm mit Lastautos dreißig Kilometer weit heranschaffen. Die nächsten Häuser haben wir aus Hohlblocks gebaut, aus Zement und Sand, was viel haltbarer ist.
Diese Fehler sind eigentlich aus den Bedürfnissen, wenn auch den falschen Bedürfnissen der Menschen, entstanden. Das war auch für die Bauern ein Lernprozeß, nicht nur für uns. Und so war es eigentlich in allem, was wir gemacht haben.

Am Beginn Ihrer Arbeit in Äthiopien haben Sie mit einem Geistlichen, Pater Placitus, zusammengearbeitet. Er hat sich inzwischen zurückgezogen, hat aber von der Warte des Entwicklungshelfers sehr pointierte Kritik geübt. Er sagte: „Das, was wir alle falsch machen, hat Karlheinz zu seinem Beruf gemacht." Verletzt Sie das?

Zur Person

In diesem persönlichen Fall hat es mich verletzt, und zwar nicht wegen der Kritik als solcher, weil die Projekte haben anderen Kritiken standgehalten als dem eines Benediktinerpaters aus Admont. Aber persönlich hat es mich sehr verletzt, weil es eine unerwartete Entblößung einer Freundschaft war, einer der wenigen meines Lebens, die auf die Art und Weise geendet hat.

Ähnlich verletzend ist ja auch die Ghostwriterin Ihres Buches „Mein Weg". Sie sagte: „Früher hat Karlheinz Böhm den Kaiser Franz Joseph gespielt, jetzt spielt er den Lieben Gott."

Über Humor zu streiten, ist sehr schwierig. Sie hat nachher gesagt, sie wollte damit einen Scherz machen. Ich war mit der Frau nie befreundet und habe sie nur sehr flüchtig, einige kurze Wochen meines Lebens in der Arbeit für dieses Buch, etwas näher kennengelernt. Aber jeder Journalist hat das Recht, frei zu schreiben. Wenn ich all das nehme, was über „Menschen für Menschen" geschrieben worden ist, so ist das Kritische, meinem Empfinden nach, fast zu wenig. Ich bin froh, daß es die paar Kritiker gegeben hat.

Welchen Beruf haben Sie denn eigentlich derzeit?

Schauspieler.

ZUR PERSON

Nach wie vor?

Oh ja. Was mache ich jetzt hier auf der Bühne? Ich sitze sogar noch auf der Bühne dieses Theaters, das für mich meine ganze Theaterwelt gewesen und geblieben ist und immer sein wird. Die meisten Menschen stellen sich ja unter Schauspieler etwas Merkwürdiges vor, so einen Kasperl, der sich a bissel eine Farbe ins Gesicht schmiert oder ein Gewand umhängt, um sie so ein bissel zum Lachen oder zum Weinen zu bringen.
In Wirklichkeit ist der Beruf ja etwas ganz anderes: Man versucht, sich Menschen mitzuteilen, auf die höchstmögliche ehrliche Art und Weise. Man versucht, bei den Menschen etwas zu bewegen, und man versucht im Idealfall, etwas zu verändern, in der Maske und im Kostüm einer anderen Figur. Ich habe eigentlich nichts anderes gemacht. Außer daß ich in eine weitere Dimension gegangen bin, daß ich Maske und Kostüm ausgezogen habe. Wenn ich heute nach Äthiopien gehe, gehe ich als der Schauspieler Karlheinz Böhm nach Äthiopien. Ich sehe mit meinen Augen das Entsetzen der Armut, des Elends, des Hungers. Was ich dort sehe, versuche ich, den Menschen, ganz gleich wo, ob das jetzt hier vor der Kamera ist, oder auf der Bühne, aber auch in Schulen, in Volkshochschulen, sogar auf der Straße, mitzuteilen. Und die Menschen zu bewegen, etwas mit mir zusammen zu verändern.

Karl Heinz Böhm

ZUR PERSON

Ihre letzte Bühnenrolle haben Sie hier, im Theater in der Josefstadt, gespielt. Es war „Der Schwierige", der letzte Auftritt war am 30. Oktober 1983. Werden Sie jemals wieder in Kostüm und Maske auf der Bühne stehen?

Nein, bestimmt nicht. Ich sage das ganz bestimmt, ohne mir irgend etwas zu überlegen. Die Aufgaben und vor allem die Verantwortungen, die ich freien Willens und mit offenem Herzen übernommen habe, sind so groß geworden. Wenn es die sogenannte gute Fee gäbe, und die mich fragen würde, was ich mir wünsche, dann würde ich sagen: Ich möchte noch erleben, daß die Vertreter der äthiopischen Regierung zu mir kommen und sagen: „Wir brauchen keine Hilfsorganisationen mehr. Die Menschen haben keinen Hunger mehr."
Das wird zu meinen Lebzeiten sicher nicht passieren, und somit ist die Verantwortung, die ich trage, viel zu groß, als daß ich noch einmal drei, vier Monate mich ausklinken könnte, um wieder auf die Bühne zu gehen. Wenn ich an die Freude denke, wenn man zum Beispiel ein kleines Kind wiegt, das man vor wenigen Monaten am Rande des Todes, Tb-erkrankt, mit Marasmus, also totaler Unterernährung, sehen konnte, und es einem gelingt, durch zwei, drei Monate intensivste Bemühungen, dieses Kind wieder lebensfähig zu machen, und es wieder lachen kann, dieses

Karl Heinz Böhm

Lachen ist mit keinem Applaus dieser Welt zu bezahlen.

Sie bleiben in Äthiopien?

Ja.

Danke für das Gespräch.

Bischof Kräutler

„Die Kirche ist kein Beerdigungsinstitut"

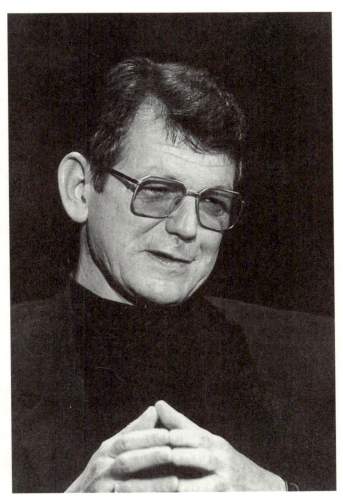

Erstsendung: 1. November 1992

Zur Person

Am 12. Juni 1939 geboren in Koblach/Vorarlberg;
Gymnasium in Feldkirch;
1958 Matura, Eintritt in die Kongregation vom Kostbaren Blut;
1959 Studium der Theologie in Salzburg;
1981 Weihe zum Bischof der Diözese Xingu;
1983 bis 1991 Präsident des Indianermissionsrates der Brasilianischen Bischofskonferenz;
1988 Aufnahme der Anerkennung der Rechte in der Verfassung über Initiative von Bischof Kräutler;
1991 Leiter des Referates „Internationale Solidarität" des Indianermissionrates;
1992 offizieller Vertreter der brasilianischen Bischofskonferenz bei der lateinamerikanischen Bischofskonferenz in Santo Domingo;
Erwin Kräutler lebt in Brasilien.

Bischof Kräutler

Vor fast auf den Tag genau fünfhundert Jahren, am 12. Oktober 1492, landete Kolumbus in Santo Domingo. War das „der Beginn einer grandiosen Epoche der Missionierung", um ein Zitat von Papst Johannes Paul II. aufzugreifen, oder war es die Vertreibung der Indios aus dem Paradies?

Man muß das in zwei Dimensionen sehen. Einmal im Zusammenhang mit der damaligen Geschichte, der Ausdehnung des spanischen und portugiesischen Königreiches. Es ging darum, gleichzeitig Seelen für Gott und Untertanen für den König zu gewinnen. Thron und Altar standen eben sehr eng beieinander. Und deswegen wurden diese großen Fehler gemacht. Man hat auch gedacht, man müßte die Leute zu Christen machen, damit sie in diesen Orbis Christianus hineinpassen. Es ist unmöglich, die Leute zu Vasallen oder zu Untertanen für einen König zu machen, wenn man sie nicht tauft.
Auch die Neger, die auf Transportschiffen von Afrika nach Brasilien oder in ein anderes lateinamerikanisches Land gekommen sind, hat man zuerst getauft, damit sie Christen und als Christen Untertanen des Königs sind. Aber man darf nicht vergessen, daß es am Himmel Lateinamerikas auch die Sterne gegeben hat, und gerade das muß man um der Wahrheit und der Gerechtigkeit willen sagen, es gab auch diese prophetischen Gestalten, die die India-

ner bis zum letzten verteidigt haben und deswegen sogar verfolgt, des Landes verwiesen wurden. Ich denke an Antonio Vierra im Falle von Brasilien, ich denke an Bartholomeo della Scasas oder an die berühmte Predigt von Montesinus. Er wurde ja dann zitiert, und ihm wurde auch ein Schweigegebot auferlegt. Aber sie haben für die Ureinwohner gekämpft. Wenn sie sich auch als Missionare so verstanden haben, diese Ureinwohner möglichst bald zu Christen zu machen.

Was ist denn heute das Ziel der Missionierung?

Das Ziel der Missionierung, wie ich mir das heute vorstelle, und da bin ich ganz sicher nicht allein, ist die Evangelisierung. Aber auch dieses Wort verwende ich nicht gerne. Es geht nicht um Evangelisierung wie Galvanisierung und andere Wörter, die mit -ierung aufhören, sondern es geht um die Verkündigung des Evangeliums. Und was ist das Evangelium? Es ist für mich die frohe Botschaft.
Wenn ich eine frohe Botschaft verkünde für Menschen, die am Rande des Abgrundes stehen, wie schaut diese aus? Wie schaut die frohe Botschaft für einen Kranken aus? Gesundheit. Was ist die frohe Botschaft für ein Volk, das vom Aussterben bedroht ist, das in seiner Kultur nicht respektiert wird? Daß wir für das Leben dieser Völker, das kulturelle und das physische Überleben eintreten. Daß wir für

diese Menschen da sind und mit ihnen tun, was möglich ist, damit sie würdig leben können. Sie sind ja Kinder Gottes wie wir alle. Und das, meine ich, ist unsere Aufgabe: diese frohe Botschaft zu verkünden, für sie dazusein. Natürlich, wenn ich vom Evangelium ausgehe, dann im Namen dieses Evangeliums. Jesus hat gesagt: „Ich bin gekommen, damit sie das Leben haben und es in Fülle haben." Also ich trete für dieses Leben ein.

Lassen Sie es uns ein bißchen zuspitzen: Geht es bei der Evangelisierung, bei der Missionierung, um die Vorbereitung auf ein besseres, gerechteres Jenseits, oder geht es Ihnen um ein gerechteres, menschenwürdigeres Diesseits?

Das Reich Gottes beginnt hier und jetzt und findet im Jenseits seine Vollendung. Die Kirche ist ja kein Beerdigungsinstitut, das nur daran denkt, daß die Leute in ein besseres Jenseits kommen. Ich kann ja nicht vergessen, was hier passiert. Ich meine das Leben – Christus ist ja auferstanden! Er ist am Kreuz gestorben, verblutet, aber er hat nicht vom Kreuz aus sein letztes Wort gesprochen: „Mein Gott, mein Gott, warum hast du mich verlassen?" Gott hat am Ostermorgen sein letztes und unwiderrufliches Ja zum Leben gesagt. Und dieses Leben beginnt hier!
Wir glauben als Christen daran, daß es in der Ewigkeit die Vollendung findet. Aber ich bin

als Bischof oder als Christ verantwortlich und habe mich dafür einzusetzen, daß wir hier leben können, daß unsere Leute leben, würdig leben können, als Kinder Gottes, in Freiheit, in Geschwisterlichkeit, in Liebe.

Aber die Missionierung war doch stets stark Jenseitsbezogen?

Leider Gottes, ja. Das haben andere ja auch ausgenützt. Natürlich, wenn ich heute von der Kanzel predige: Tragt Euer Kreuz in Geduld und seid demütig! Regt Euch nicht auf!, dann spreche ich im Sinne von einem Großgrundbesitzer beispielsweise, der seine Leute heute noch versklavt. Ich habe das selber erlebt in meinen ersten Jahren als Wandermissionar in Brasilien. Da bin ich einmal in eine Gemeinde gekommen, und dort hat ein Großgrundbesitzer zu mir gesagt, ich solle den Leuten ins Gewissen reden, damit sie mehr arbeiten, damit sie ehrlich sind, damit sie sein Vieh nicht stehlen und so weiter. Ich habe natürlich gefragt, ob er auch richtig bezahlt, und ob es diesen Leuten halbwegs geht? Er hat immer gesagt: Ja. Aber ich bin dann nachher draufgekommen, daß es nicht der Fall ist. Wenn ich predige: „Ihr müßt alles ertragen, in Geduld das Kreuz ertragen!", dann ist er auf meiner Seite. Wenn ich den Leuten sage: „Ihr habt ein Recht auf ein besseres Leben. Ihr arbeitet ja, ihr schuftet ja jahraus, jahrein, und man sieht

es euch an." Ein von der Sonne gegerbtes Gesicht und Schwielen an den Händen, die kommen ja nicht vom Schnapstrinken. Und wenn ich diesen Leuten sage: „Ihr habt recht, Gott liebt euch, Gott ist auf eurer Seite." Die Leute haben das ja auch gelesen, sie kennen den Exodusbericht beispielsweise: „Ich habe den Schmerz meines Volkes gesehen. Ich habe seinen Schrei gehört. Und deshalb bin ich heruntergestiegen, um mein Volk aus den Händen der Ägypter zu befreien." – Das ist jetzt frei zitiert. Und dann glauben sie an einen Gott, der auf ihrer Seite ist, der sie hört, der sie sieht, der ihr Leid kennt, und der herabsteigt; nicht ein Gott in weiter Ferne, irgendwo im Wolkenkuckucksheim. Nein, Gott kommt herunter, ist mit uns. „Der Herr sei mit euch, und mit deinem Geiste." Nein. „Nur mit dem Geiste?" frage ich mich immer. Nein, die sagen, er ist in unserer Mitte. Das ist es, glaube ich.
Das Wort „Missionierung" ist an und für sich kein gutes Wort. Es geht um die Verkündigung des Evangeliums. Und wie verkündige ich das Evangelium? Das kann verbal sein, also wörtlich. Aber es kann auch die Verkündigung des Daseins sein. Wenn ich mich für diese Leute einsetze, wenn ich für die da bin, wenn die Leute spüren, der ist mit uns, der hilft uns. Ohne daß man denkt, ja, ich muß die jetzt sofort zu Christen machen. Bevor Jesus gesprochen hat, ist er Mensch geworden. Das lesen wir ja: „Und das Wort ist Fleisch geworden und hat unter

uns gewohnt." Das ist die erste Aussage: Gott ist einer von uns geworden, ist heruntergestiegen, ist da, hat in einer bestimmten Kultur gelebt, hat den Schmerz und das Leid auch seines Volkes getragen. Also er kommt zu uns, kommt auf uns zu, freundlich, mit Liebe, mit Einfühlungsvermögen. „Selig seid ihr, die vor Gott arm sind", habe ich heute im Evangelium gelesen. Ja! Er hat die Armut, er hat alles gesehen, gespürt. Das ist Gott. Und so wollen ihn auch die Leute. Und das, meine ich, ist die Verkündigung des Evangeliums.

Stündlich sterben weltweit tausendfünfhundert Kinder an Hunger oder an den Folgen des Hungers. Kann man sich damit abfinden? Muß man sich als braver Christ damit abfinden?

Nein. Armut ist immer eine Geißel. Elend ist gemacht. Man kann nicht sagen, die Leute sind arm, weil sie eben arm sind. Nein, sie wurden arm, sie verelendeten. Das heißt für mich, da trägt jemand Schuld. Man kann arm werden wegen einer Katastrophe, das ist klar. Aber die Armut, die wir in Lateinamerika sehen, kennen, fühlen, spüren, ist eine gemachte Armut. Man hat die Leute in die Verelendung getrieben.

Wer?

Wer? Das sind viele Komponenten. Es gibt die innerlateinamerikanische Sünde, und es gibt

auch die Sünde, die über die Grenzen Lateinamerikas hinausgeht. Ich spreche jetzt von den strukturellen Sünden. Und ich denke, nur ein kleiner Vergleich: Wie kann es kommen, daß in Österreich ein Kilo Äpfel teurer ist als ein Kilo Bananen? Man muß sich fragen, wie steht es um die Rohstoffe und um die Bodenschätze, die man aus der sogenannten Dritten Welt einführt? Werden die richtig bezahlt? Ich wage sogar zu sagen, daß jede Entwicklungshilfe überflüssig wäre, wenn die Bodenschätze, die Rohstoffe, all das, was aus Lateinamerika oder aus der Dritten Welt kommt, anständig bezahlt werden würde. Wenn die Früchte, der Kaffee, oder was immer ausgeführt wird, Soja beispielsweise, wenn die richtig bezahlt würden. Oder wenn unsere Arbeiter, beispielsweise im Industriepark in Sao Paulo, dieselben Löhne bekommen würden wie in irgendeiner Automobilfirma in Deutschland. Da ist jemand schuldig geworden.
Ein Reisbauer, der arbeitet jahraus, jahrein. Zur Zeit der Reisernte ist der Preis so herunten, daß er praktisch nichts davon hat. Und wer bestimmt die Preise? Hier, glaube ich, sind die Ungerechtigkeiten. Es sind strukturelle Sünden in der Weltwirtschaftsordnung. Und natürlich gibt es die innerlateinamerikanischen Sünden. Man spricht von Korruption, aber Korruption ist nicht ein nur hausgemachtes lateinamerikanisches Unglück, das gibt es auf der ganzen Welt.

Einer, der gegen die Ungerechtigkeit revoltiert – revoltiert im wahrsten Sinn des Wortes –, ist der ehemalige Franziskanerpater Leonardo Boff: „Ich sehe in Europa, keiner will von Revolution reden, weil die brauchen keine Revolution. Die haben schon alles, was sie wollen. Wir sind verdammt, von der Revolution zu träumen und die Revolution zu wünschen, weil wir diese Wirklichkeit nicht für gut halten." Sind Sie verdammt, die Revolution zu wünschen?

Ja. Die Revolution verstehe ich natürlich nicht als blutige Revolution. Die größte Revolution ist die Revolution des Evangeliums. Also Revolution in dem Sinn, daß sich die Strukturen ändern. Es geht nicht so weiter! Die Leute gehen auf die Straße! Ich habe jetzt in Santa Domingo auch mit anderen Bischöfen von Lateinamerika gesprochen: Es gab nie soviel Straßenkinder! Es gab nie soviel Elend in Lateinamerika! Und das geht so nicht weiter, das kann nicht so weitergehen!

Sind Sie ein Befreiungstheologe?

Natürlich! Ich verstehe mich immer als Befreiungstheologe, und zwar ganz im biblischen Sinn. Weil die Befreiungstheologie ist für mich nicht irgend etwas, was aus wirtschaftspolitischen oder gesellschaftspolitischen Erwägungen heraus entstanden ist. Die

Befreiungstheologie ist biblisch. Das ist es. Sie ist in meinem Glauben begründet. Und ich möchte darauf hinweisen, daß der Name „Jesus" „Gott befreit" heißt. Befreiungstheologie ist, in einer grausamen Situation, in der wir leben, die wir am eigenen Leibe spüren, eine Antwort zu finden im Lichte des Wortes Gottes. Das ist Befreiungstheologie. Da komme ich nicht drum herum. Es sei denn, diese grausame Situation – und damit werde ich tagtäglich drüben konfrontiert -, wird anders, und danach sieht es im Moment nicht aus. Wahrscheinlich wird die Befreiungstheologie bis zum Jüngsten Tage wichtig sein und währen.

Es gibt Bischöfe, Kardinäle gar, die das anders sehen. Kardinal Ratzinger etwa ist ein entschiedener Gegner der Befreiungstheologie. Er sagt, man darf keine zu unmittelbaren politischen Wirkungen von uns verlangen wollen, von uns, von der Kirche. Hat er recht?

Politische Wirkungen? Also ich meine, man kann das alles gar nicht so trennen. Glaube und Leben sind nicht wie zwei Paar Schuhe, die man auseinandertun kann. Glaube und Leben sind eins. Der Glaube muß unser Leben inspirieren. Natürlich auch meine persönlichen Beziehungen zu anderen Personen, in meiner Familie, oder wo immer ich bin, das ist logisch. Aber der Glaube muß auch das Leben – großflächiger, möchte ich fast sagen – inspirieren.

Also der Glaube muß die Wirtschaft inspirieren, die Politik inspirieren. Und ich bin beispielsweise in meinem Umfeld drüben auch verantwortlich, den Leuten zu sagen: „Bitte, werdet politisch!" Und zwar aus dem Glauben heraus. Es wird sich ja nichts ändern, wenn ich nur ein Vaterunser bete. Und dabei bin ich nicht gegen das Vaterunser, das sage ich Ihnen ganz klar. Ich bete ja auch und gerne. Aber es geht nicht, den Leuten zu sagen: „Seid's schön ruhig und betet ein Vaterunser, es wird schon besser." Ich meine, das ist ein bißchen zu wenig. Also muß ich die Leute doch so weit bringen, daß sie auch politisch mündig werden. Und da ist in den letzten zwanzig Jahren allerhand geschehen. Ich meine, wenn ich mir die kirchlichen Basisgemeinden heute ansehe, die Leute, die früher nicht den Mund aufgetan haben, und heute sprechen sie, verteidigen sich, haben eine Gewerkschaft gebildet, gehen in die Politik. Ich sehe, daß die Leute ganz anders geworden sind. Und das finde ich richtig. Ob das mit der Befreiungstheologie zu tun hat? Ja, das hat damit zu tun, weil wir möchten, daß die Leute befreit werden von aller Sklaverei. Also nicht nur von der Sklaverei der persönlichen Sünde, sondern auch von der Sklaverei, die ihnen ungerechterweise aufgedrängt, aufgedrückt wird. Das ist unsere Aufgabe.

Ein Amtsbruder von Ihnen, Bischof Pestana, ist sehr besorgt. Er sieht das alles ganz anders und meint, der Klassenkampf habe mit seiner gesamten Dynamik Eingang in die Mystik der Befreiungstheologie gefunden. Ein böses Zitat des Bischofs: „Ich habe einmal im Spaß gesagt, aber dieser Spaß enthält viel Verzweiflung, daß unsere Seminare so etwas wie Abtreibungskliniken für priesterliche Berufung seien."

Ich kenne ihn sehr gut, aber das würde ich nie unterschreiben, weder das erste noch das zweite. Jeder kann seine Meinung vertreten, aber ich denke mir, „der Klassenkampf hat in die Befreiungstheologie Eingang gefunden", das stellt man so in den Raum. Da müßte man schon zuerst sagen, was versteht man unter Klassenkampf, und was versteht man dann unter Befreiungstheologie?
Es gibt Leute, die meinen, Befreiungstheologie ist purer Marxismus und ich weiß nicht was, oder wir gehen jetzt hin und bewaffnen alle Leute. Das habe ich auch schon gehört. Befreiungstheologie, das geht so weit, da werden die Landarbeiter bewaffnet, und wir steigen auf die Barrikaden und brechen eine blutige Revolution vom Zaun. Das ist alles Unsinn. Also ich würde das nie so akzeptieren. Befreiungstheologie, wie gesagt, ist biblisch. Ich muß mich als Bischof und als Christ einsetzen, damit die Leute ihr Leben haben und es in Fülle haben, das sind die Worte Jesu, da komme ich nicht drum herum. Ich meine, das mit den Klassen, das ist ja eine Tatsache, ist heute eine

Realität. Es gibt in Brasilien diejenigen, die die Macht, die das Sagen und die das Geld haben. Und es gibt die großen Bevölkerungsschichten, die nichts oder kaum etwas haben. Und natürlich gibt es dann die Problematik, wenn sich die Leute zur Decke strecken und sagen: „Wir wollen mehr! Wir verdienen mehr! Wir wollen, daß unsere Kinder in die Schule kommen. Wir wollen, daß ein richtiges Gesundheitswesen aufgebaut wird, daß unsere Ernten bezahlt werden!" Klar werden die anderen damit nicht einverstanden sein, weil sie nicht mehr so viele Reichtümer anhäufen können. Und dann gibt es den Kampf.
Aber ich bete zu Gott und hoffe, daß in Lateinamerika kein blutiger Kampf, keine blutige Revolution kommt. Aber eine Revolution, die diese Dinge ändert, die dieses System verändert, die diese Strukturen abbaut, die diese Zäune fallen läßt, die Mauern zu Fall bringt, die muß kommen.

Und das ist Ihre Berufung?

Ja. Im Namen unseres Herrn Jesus Christus. Er hat für uns sein Leben hingegeben. Und auch deswegen sind wir aufgefordert, unser Leben für die Schwestern und Brüder einzusetzen. Das ist biblisch. Das können Sie nachlesen im ersten Johannesbrief 3/16.

Sie wurden 1981 Bischof in Xingu, das ist die flächenmäßig größte Diözese Brasiliens – drei-

hundertfünfzigtausend Quadratkilometer, ungefähr viermal so groß wie Österreich -, und Sie sind Nachfolger Ihres Onkels geworden. War das ein Akt des Nepotismus?

(Lachend) Ich darf das erzählen. Nepotismus war es keiner, weil er hat mir ja keine reichen Pfründe übergeben. Ich habe eine sehr, sehr konfliktträchtige und schwere Diözese bekommen. Also Nepotismus wäre, wenn mir der liebe Onkel, Gott habe ihn selig, eine reiche Pfründe übergeben hätte, wie das im Mittelalter, glaube ich, passiert ist. Aber diese Angst brauche ich nicht zu haben. Der Onkel hat damals – ich glaube, das war im Jahre '77 – bei allen Priestern und Ordensleuten und auch bei Laien eine Umfrage gemacht. Sie sollten ihm in einem versiegelten Brief Namen abgeben. Und die haben dann meinen Namen aufgeschrieben. Und dann hat er Schwierigkeiten bekommen: Wie kann ich meinen Neffen vorschlagen? Das geht ja nicht. Und dann hat er die Regionalbischofskonferenz gefragt, was er tun soll. Und die regionale Bischofskonferenz hat dann mich vorgeschlagen, und auf einmal kam das auf mich zu wie ein Schnellzug.
Ich wurde dann von der Nuntiatur in Brasilia gerufen. Ich bin hingegangen in der Meinung, ich werde gefragt über einen anderen, den ich vorgeschlagen habe. Und dann hat man mir die Ernennung überreicht, und ich bin erschrocken.

Zur Person

Hat Ihnen Ihr Onkel auch die Schlange vererbt, die in Xingu Kirchendienst gemacht hat?

Das wissen Sie? Die Schlange, glaube ich, ist längst in den ewigen Jagdgründen. Ja, Mein Onkel hatte eine Schlange gegen die Fledermäuse, die hatte er aus dem Wald holen lassen, und sie dann auf das Kirchendach gebracht, und die hat dann der Kirche einen Dienst erwiesen. Ja, diese Fledermausplage war grauenhaft. Ich habe dort noch einige solche Sachen erlebt. Aber, Gott sei Dank, ist es jetzt weniger, man hat ein anderes Dach gemacht mit Dachplatten, und jetzt ist die Fledermausplage etwas eingeschränkt.

Wie wird eigentlich der Sohn eines Vorarlberger Textilschullehrers Bischof in Brasilien? Wie geht das?

Ja, wie das geht? Ich bin 1965 in Salzburg geweiht worden, und dann stellte sich mir die Frage: Wo lebe ich meine Berufung als Priester? Ich habe mir gedacht, ich gehe dort hin, wo es einen unendlichen Mangel an Priestern gibt, und wo Armut herrscht. Damals hat mich schon die Indianerproblematik tief berührt. Ja, und dann war ich fünfzehn Jahre in Brasilien tätig in allen möglichen Gemeinden. Ich habe zuerst sechzehn kleine Gemeinden gehabt, dann noch den Hafenort Vitória, nebenbei mußte ich noch die Administration der Prälatur wahrnehmen – das hat mir der erste Bischof schon übergeben, und ich habe auch lange Jahre in der Lehrerbildungsanstalt unterrichtet – wir haben ja fast alle Lehrer und Lehrerinnen ausgebildet -

Eigentlich wollten Sie ja selbst Lehrer werden?

Ja, mein Gott, vielleicht ist das in der Familie. Mein Vater war Fachlehrer, mein Bruder ist auch Fachlehrer, mein Großvater, Urgroßvater waren auch Lehrer. Dann habe ich meine Kenntnisse eingesetzt, damit die Lehrer auch ausgebildet werden. Und dann kam, auf einmal, ich habe keine Kampagne gemacht, daß ich Bischof werde, im Gegenteil, ich wurde ernannt.

Wie war denn, Herr Bischof, Ihre Kindheit? Der Grundsatz Ihrer Eltern war einfach: Mach mir keine Schande.

Ja, das hat der Vater manchmal gesagt. „Bua, mach ma ka Schand!" Natürlich haben mich die Eltern auf den rechten Weg erziehen wollen. Und man hat uns auch gesagt, was wir zu tun hatten. Wir mußten auch streng arbeiten. Ich hatte eine schöne, aber auch eine arbeitsame Kindheit. Der Vater hat gestickt, und ich mußte in die Stickerei. Heim von der Schule und „fädeln", hat das geheißen. Andere sind auf den Sportplatz gegangen. Wir mußten arbeiten. Aber das ist ja gut gewesen. Ich hatte eine Kindheit im Schoß der Familie. Gut, es war Krieg, der Vater war weg. Und dann kam er wieder, '46, glaube ich. '42 ist er eingerückt, und da hat die Mutter versucht, uns Kinder durchzubringen. Und wie man sieht, ist es ihr gelungen.

Sie leben in Altamira. Dort, sagen die Indianer, wo Judas seine Stiefel verloren hat. Wie kommt es zu diesem Spruch?

Ich weiß es auch nicht. In der Heiligen Schrift steht absolut nichts drinnen, ob Judas je Stiefel getragen hat, noch weniger, daß er sie verloren hat. Aber ich finde diesen Ausdruck interessant. Es ist also dort, wo wirklich Ende ist. Altamira war, als ich 1965 angekommen bin, ein Städtchen im hintersten Hinterland, mit fünftausend Einwohnern. Heute hat es stolze hundertzwanzigtausend.

Wie leben eigentlich die Indios?

Wir haben in unserer Prälatur verschiedene Sprachgruppen und verschiedene indigene Völker. Es gibt ja nicht nur eines. Das sind alles Völker, die noch in ihrer eigenen Kultur leben in ihren Dörfern. Das sind die Indianer, die leben, so wie sie immer gelebt haben – natürlich sind sie schon mit der weißen Bevölkerung zusammengekommen. Und das ist eben dieser Kulturschock. Der konnte und kann nicht vermieden werden, es sei denn, man stellt die Indianer unter eine Käseglocke. Und das ist ja auch nicht der Sinn der Übung. Aber sie leben noch von ihrer Hände Arbeit, von der Jagd, vom Fischfang. Aber leider Gottes ist auch die Industriezivilisation da eingedrungen, und der Raubbau an den Naturschätzen und an den Bodenschätzen hat den Indianern, kulturell gesehen, sehr, sehr schlecht getan.

Achtzig Prozent der Landarbeiter leben unter dem Existenzminimum.

Ja, achtzig Prozent, das stimmt. Also unter dem Existenzminimum? Ein Bischof hat jetzt in Santo Domingo gesagt, wir dürfen nicht mehr von der Armut sprechen, wir dürfen nur noch vom Elend sprechen. Weil im letzten Jahrzehnt ist der Schritt von der Armut zum Elend gegangen.

Tun wir Österreicher eigentlich genug, um das Elend in der Dritten oder gar Vierten Welt zu mindern?

Ich darf den Österreichern schon in aller Dankbarkeit ein gutes Zeugnis ausstellen. Das muß einmal gesagt werden. Man spendet sehr viel in Österreich, das ist einfach wahr. Wir könnten unsere pastoralen Aufgaben und unsere sozialen Aufgaben, alle diese Projekte, nicht durchführen, wenn wir nicht die Hilfe unserer Heimat hätten. Die Leute wollen etwas tun. Und zwar auch aus diesem Bewußtsein heraus, manchmal ist es ein innerer Druck: Was kann ich denn tun, damit diese ungerechten Strukturen abgeändert werden? Das fragen sich viele, die kleine Frau, der kleine Mann: Was können wir tun? Oft stellt man mir diese Frage. Und das Einfachste ist es dann natürlich, ich spende, ich helfe da mit. Das ist wertvoll, das ist in Ordnung, das kommt an den richtigen Ort. Damit können diese Projekte, diese Sozialprojekte, Familienprojekte und all diese Dinge durchgeführt werden. Aber es ist natürlich nicht nur die finanzielle Hilfe notwendig. Ich glaube, es muß auch ein Umdenkprozeß eingeleitet werden. Daß wir auch Druck auf unsere Wirtschaftsexperten und unsere Politiker ausüben. Daß man etwas tut für die Dritte Welt. Daß man ganz klar hinterfrägt: Wie steht es mit den Preisen?

Die offiziellen Entwicklungshilfezahlen sind nicht ganz so schön, inklusive aller Kreditstützungen und Fondszahlungen betrug die offizielle Entwicklungshilfe Österreichs im Vorjahr drei Milliarden, das sind 0,67 Prozent des Budgets, bezogen auf das Bruttonationalprodukt ist es ungefähr die Hälfte von dem, was nach UNO-Empfehlung ein hochindustrialisiertes, hochentwickeltes Land leisten müßte. Vielleicht ist doch auch zu wenig Geld da?

Ich habe jetzt von den Spenden gesprochen, von den Einzelinitiativen. Ich meine, daß die Entwicklungshilfe als solche zu niedrig ist, das haben Sie ja jetzt selber statistisch belegt. Aber ich würde sagen, für mich wäre Entwicklungshilfe überflüssig, wenn die Rohstoffe und Naturschätze, die von Lateinamerika und von der Dritten Welt eingeführt werden, anständig bezahlt würden. Dann wäre das alles überflüssig.

Ihr Engagement für die entrechteten Landarbeiter, aber auch Ihr Engagement gegen die Zerstörung der Umwelt, die Sie „Mitwelt" nennen, hat Sie ja auch persönlich wiederholt in Probleme gebracht. Sie haben sich mächtige Feinde geschaffen. Erinnern Sie sich an den 1. Juli 1983?

Ja. Die Bauern hatten damals ihre Ernte abgegeben und hatten durch neun Monate hindurch kein Geld erhalten. Sie sind, wie man sagt, von Pontius zu Pilatus gegangen, haben bei allen Regierungsstellen vorgesprochen, und man hat sie immer abgewiesen. Da kamen sie zurück am Pfingstfest, und einer hat gesagt: „Wir sperren die Straße." Und dann haben die Leute spontan die Straße, die Transamazonica blockiert.
Ich habe davon erfahren, und bin spontan hingefahren zu diesen Leuten, die ich ja kenne. Einige Monate vorher war ich in allen kleinen Gemeinden, und habe die Not dieses Volkes

gesehen: Weinende Frauen, kranke Kinder, Männer, die nicht mehr wußten, wo ein, wo aus. Sie hatten gearbeitet, und eine Firma hat das Geld verludert. Und dann, ja, dann kamen nach zehn Tagen siebzig Mann Militärpolizei an.
Der erste, den sie rausgefischt haben, war der Bischof. Und dann den Chef der Gewerkschaft Zuckerrohrbau. Wir beide wurden gefangengesetzt. Man hat mich auf den Boden geschlagen, mit dem Stiefel behandelt, dann wieder aufgestellt, und dann hat man mich verhaftet. Ich denke, ich wurde damals zur Geisel. Das war für mich so wie eine zweite Bischofsweihe. Das darf ich auch in aller Demut sagen. Weil als ich gefangen war und man mich dann abgeführt hat, haben die Frauen geschrieen: „Laßt ihn los! Er ist unser Bischof!" Sie haben nicht geschrieen: „Es ist ein Bischof", sondern „unser Bischof".
Bis heute habe ich das nicht vergessen, das hat sich tief in mein Herz eingeprägt. Ich habe das nie bereut, daß ich dort bei diesen Zuckerrohrbauern im Dreck gesessen bin, weil ich mir gedacht habe: Wie komme ich dazu, irgendwo in einer Waldkapelle für Wände und Bänke eine Predigt zu halten, während mein Volk auf der Straße ist? Der Bischof gehört dort hin, wo das Volk ist.

Der Bischof gehört dort hin, wo das Volk ist. Vier Jahre nach dieser Verhaftung, es war der 16. Oktober 1987, haben Sie einen Mordan-

schlag nur knapp überlebt. Ein Mitbruder ist tödlich verletzt worden.

Ja, das war damals. Es ist sehr schwierig, heute zu eruieren, wer eigentlich die Drahtzieher dieses Unfalls oder dieses getarnten Attentats waren. Ich war, das ist die Vorgeschichte, acht Jahre lang Präsident des Indianermissionsrates der brasilianischen Bischofskonferenz und habe mich ganz dezidiert für die Verankerung der Indianerrechte in der neuen Verfassung eingesetzt, die 1988 promulgiert worden ist. Damals gab es eine Verleumdungskampagne, eine Diffamierungskampagne, die sehr hart war.
Eine der größten Tageszeitungen Brasiliens hatte eine ganze Woche lang uns in Artikeln angegriffen. Wir konnten dann beweisen, daß alle diese Anschuldigungen, diese Unterstellungen absolut mit der Wahrheit nichts zu tun hatten. Es wurde sogar eine parlamentarische Untersuchungskommission eingesetzt, und wir konnten vor dieser Kommission beweisen, daß alles, wirklich alles falsch und Betrug und Unterstellung und Diffamierung war.
Dann gab es die Geschichte: Die Bauern von der Transamazonica sind wieder einmal zusammengekommen und haben von der Regierungsstelle gefordert, daß man vor Einbruch der Regenzeit Straßen ausbessert, weil der Urwald wird zu dieser Zeit für die Leute zum Gefängnis. Sie haben in den vergangenen Jahren erfahren, wie das ist, wenn man krank ist – ein

gewöhnliches Bauchweh kann fatal ausgehen -, oder eine Frau, die vor der Geburt steht und nicht mehr raus aus dem Busch kommt, wenn die Straße unpassierbar ist. Da haben sich die Leute zusammengetan. Sie hätten, ließen sie mich wissen, eine Demonstration, vierhundert oder fünfhundert Frauen und Männer und Jugendliche seien da, und bei dieser Demo wollten sie auch den Gottesdienst feiern. Ob ich nicht komme? Gut, ich komme. Und da ist es dann passiert auf halber Strecke.
Auf einmal ist ein Kleinlastwagen direkt auf unser Fahrzeug losgefahren, und mein Mitbruder, der Pater Salvatore, ein junger, einunddreißigjähriger Priester aus Sardinien, war sofort tot. Ich war dann sechs Wochen im Spital und es hat ziemlich lange gedauert, bis ich wieder hergestellt war. Mein Gesicht war eingedrückt, die Zähne habe ich verloren. Hier bin ich heute noch taub. Und einige Rippen hatte ich auch gebrochen. Na gut, aber ich sage halt heute, man muß diese Sachen im Zusammenhang sehen. Ich meine, ich werde ja nicht attackiert, weil ich Erwin heiße, oder weil ich in Koblach geboren worden bin. Das, glaube ich, muß gesagt werden: In dem Maße, in dem ich mich für die Indianer einsetze, bin ich gegen die Interessen von Großgrundbesitz, von Bergwerksgesellschaften, von Mammutprojekten, oder von den Holzfällern, oder von den Goldsuchern. Weil ich kann mich ja nicht gleichzeitig auf beide Seiten stellen. Wenn ich die Indianer verteidige,

bin ich gegen Interessen, und zwar manchmal sehr massive Wirtschaftsinteressen. Und da ist das einzige: entweder kaltstellen oder sonst irgendwie eliminieren oder demoralisieren.

Auf Sie wurde auch ein Kopfgeld ausgesetzt.

Nun, da bin ich nicht der einzige. Das gibt's oft drüben. Es gibt da diese berühmten und berüchtigten Listen. Die müssen nicht schriftlich sein, aber sie existieren. Es kommt schon vor, daß man da einfach einmal einen Telefonanruf kriegt, und jemand sagt: „Wenn du so weitermachst, dann geht's dir an den Kragen!" Das hört man dann am Telefon, und da erschrickt man natürlich.

Es gibt auch subtilere Methoden der Verachtung, die Großgrundbesitzer anwenden. Sie beschreiben in einem Ihrer Bücher eine Szene, als Sie in eine Stadt kamen und nicht wie üblich von den Honoratioren empfangen wurden, sondern vom einfachen Volk, das Sie jubelnd begrüßt hat, darunter war auch Angela. Erinnern Sie sich daran?

Ja, sicher.

Wer ist Angela?

Angela, das war eine Prostituierte. Ich kann mich erinnern, ich bin in diese Stadt gekom-

men, und, wie Sie schon erzählt haben, die Honoratioren haben mich nicht empfangen. Bürgermeister, Gemeindevertreter und so. Aber das Volk war da. Die Leute haben mich empfangen und getätschelt und umarmt und geküßt. Ja, das ist Brauch drüben. Warum denn nicht? Und da war eben auch ein Mädchen, es kam dann vor zu mir und hat gesagt, ob ich bei meinem Besuch in dieser Gemeinde auch die Prostituierten anhören möchte. Da habe ich gesagt: Ja.
Ich war mir natürlich sehr unsicher. Was kann ich diesen Frauen sagen? Dann kam ich zu diesem Treffen, und es war für mich sehr beeindruckend, weil die Frauen haben mir erzählt, warum sie diesem Gewerbe nachgehen. Und viele von ihnen haben das wirklich aus Not und aus Hunger getan. Die Eltern sagen zum Mädchen: „Geh auf die Straße, verkauf deinen Körper, damit wir leben können." Die Prostitution ist ein soziales Problem. Die Mädchen werden in die Prostitution getrieben. Und dann habe ich mir auch gedacht, was würde Jesus in diesem Fall tun? Würde er sie verdammen, diese Mädchen? Am Schluß haben sie dann gefragt: „Dürfen wir in die Messe kommen?" Ich habe gesagt: „Natürlich! Klar!" Einige haben dann die Nase gerümpft, aber das hat mir nichts ausgemacht. Eine dieser Frauen habe ich Jahre später wieder getroffen. Ich bin an einem Flüßchen gewesen, auf einmal kommt eine Frau angerudert mit einem Buben

im Boot, hat mich umarmt und gesagt: „Kennst du mich noch?" Und ich schau in ihr Gesicht: „Ja, Angela." Da war sie natürlich begeistert, daß ich nach so vielen Jahren sie noch erkenne. Dann habe ich gefragt: „Wie geht's dir denn?" „Ja, ich bin sehr glücklich, ich habe geheiratet. Das ist mein Bub." Ich habe mir nur damals gedacht, und das habe ich auch in meinem Buch geschrieben am Schluß: Wo sind die anderen von damals? Ich habe kaum eine noch einmal getroffen. Welches Schicksal haben sie erlitten? Wo leben sie? Oder leben sie noch?

Möchten Sie nicht manchmal aufhören?

Solange mir Gott die Gesundheit und den notwendigen Mut schenkt, möchte ich den Weg weitergehen. Aber das darf ich auch in aller Ehrlichkeit sagen, ich spüre oft die Ohnmacht. Mein Gott, man sieht diese Strukturen, dieses System. Man hat kleine Erfolge, aber auf einmal gibt's wieder einen Rückschlag. Und da wird man hie und da traurig, und man fragt sich dann automatisch, was bringt's? Jeder Mensch stellt sich diese Frage. Das geht auch an einem Bischof nicht vorbei. Man macht hin und wieder das Kalkül und möchte fragen: Ja, unterm Strich, was bleibt?

Aber dann erinnere ich mich an den David und den Goliath. Der kleine David da vor diesem Riesen, und wie bekannt ist, hat er ihn doch besiegt. Ich habe keine Steinschleuder, aber die

ZUR PERSON

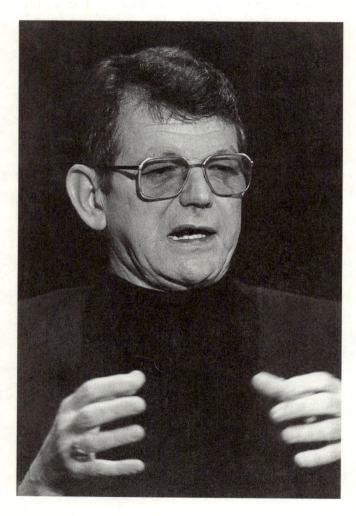

Symbolkraft der Steinschleuder, die können Sie ja verstehen. So werden wir weitergehen, weil ich dieses Volk liebe. Und man spürt, das sind Menschen, die heißt Johanna, und die Maria, und der heißt Hans, und der andere Sepp, und wenn man dies am Stück erlebt – ich komm da hin und die Leute leiden –, da fragt man sich natürlich, warum? Warum? Warum müssen diese Leute so leiden? Warum haben sie nicht das Mindeste zum Überleben? Und man versucht dann alles zu tun, Projekte aufzubauen, Familienhilfe zu leisten, ein Haus für Mutter und Kind. Aber es ist immer noch ein Tropfen auf dem heißen Stein. Aber auf der anderen Seite denke ich mir wieder, steter Tropfen höhlt den Stein.

Der Papst hat auf der vor wenigen Tagen abgeschlossenen Bischofskonferenz der lateinamerikanischen Bischöfe in Santo Domingo der lateinamerikanischen Kirche geraten, sich mehr um die medizinische Versorgung und mehr um das Bildungswesen der Leute zu kümmern. Man kann das auch als Kritik an Ihrer Arbeit interpretieren. Sind Sie dem Papst, sind Sie der römischen Kurie zu unbequem? Es gibt von Ihnen ein Zitat, das lautet: „Gemeinsam gegen die Armut kämpfen, und nicht gegen die Reichen." Ihr Credo?

Ja, es geht nicht um den Kampf gegen die Reichen. Ich frage mich natürlich bei jedem Rei-

chen in Brasilien: „Wie kam er zu seinem Reichtum?" Wenn dieser Reichtum aufgrund seiner Hände Arbeit, im Schweiße seines Angesichts angehäuft wurde, ist das eine andere Sache, aber wenn der Schweiß und das Blut von unzähligen Menschen hinter diesem Reichtum steht, dann bin ich als Christ und als Bischof verpflichtet zu sagen: Das ist gegen das Evangelium! Das ist gegen den Willen Gottes. Das ist gegen den Menschen. Und das hört man nicht gerne.
Aber ich kämpfe ja nicht mit den Armen, nur um zu kämpfen, sondern Armut ist eine Geißel, Armut ist nichts Wunderbares. Wir möchten ja aus der Armut, aus dem Elend herauskommen, also kämpfen wir mit den Armen gegen die Armut. Das ist es. Und da müssen wir alle diese Wege gehen, damit es ihnen besser geht.

Ist die Ungerechtigkeit in Brasilien, das ja nur für einen Teil der Welt steht, zu überwinden? Ist die Armut zu besiegen?

Ich glaube, ja. Diese Hoffnung habe ich immer. Ich glaube immer noch an die Güte des einzelnen Menschen. Ich glaube auch an die Möglichkeit, daß man gerechtere Strukturen schaffen kann. Ich glaube an das Evangelium, und das Evangelium birgt immer Hoffnung in sich. Also aufgeben und sagen, es ist nichts zu machen, würde ich nicht.

ZUR PERSON

Es müssen viele Dinge geändert werden. Nur ein kleines Beispiel: Warum verwendet man soviel Geld für die Waffenerzeugung? Warum verwendet man dieses Geld nicht für Erziehung oder für Kampagnen gegen das Analphabetentum, für die gesundheitliche Betreuung? Diese Dinge müssen geändert werden, innerhalb Brasiliens und auch weltweit. Gerade das Analphabetentum ist eine Geißel. Das Analphabetentum heißt ja nicht, daß jemand nicht lesen und schreiben kann. Er hat absolut keinen Zugang zu dem, was wir Kultur nennen. Wir können uns das nicht vorstellen, weil es in Österreich keine Analphabeten gibt. Aber drüben sind das Millionen von Menschen. Es gibt in Lateinamerika an die siebzig Millionen Analphabeten! Ausgeschlossen von allem und jedem. Und das ist eine unserer Aufgaben.

Was ist denn Dom Erwin, wie Sie in Brasilien genannt werden, Ihre Utopie?

Meine Utopie ist die Utopie einer gerechten Welt, wo die Menschen geschwisterlich leben können, wo nicht jeder an sich denkt, sondern wo die gemeinschaftlichen Ziele, die gemeinschaftlichen Projekte zum Tragen kommen. Meine Utopie ist eine Welt, wo Solidarität nicht nur ein Wort ist, sondern tatsächlich gelebt wird. Meine Utopie ist Liebe.

Erinnern Sie sich an das Lied, das eine junge Witwe mit fünf Kindern, das jüngste im Arm, gesungen hat?

Ja, das ist ein Lied, das in unserer kleinen Gemeinde immer wieder gesungen wird. Und das heißt Utopia.

UTOPIA

Wenn der Tag des Friedens zu neuem Leben erwacht
Wenn die Sonne der Hoffnung erstrahlt
Dann werde ich singen

Wenn das Volk auf den Straßen lächelt
Und der Rosenstrauch wieder blüht
Dann werde ich singen

Wenn die Zäune zu Boden fallen
Wenn die Tische sich mit Brot füllen
Dann werde ich singen

Wenn die Mauern, die die Gärten umzäunen, zerstört sind
Dann wird der Jasmin duften

Es wird schön sein, das Lied zu hören, und es aufs Neue zu singen
In den Augen des Menschen spiegelt sich die Überzeugung der Mitmenschen
Das Recht des Volkes

Wenn die Waffen der Vernichtung in jeder Nation zerstört sind

BISCHOF KRÄUTLER

Dann werde ich träumen
Und wenn das Dekret, das alle Unterdrückung beendet
In jedem Herzen unterzeichnet ist
Dann werde ich singen

Wenn die Stimme der Wahrheit wieder gehört wird
Und die Lüge nicht mehr existiert
Dann wird die neue Zeit der ewigen Gerechtigkeit endlich da sein
Ohne Haß, ohne Blutvergießen, ohne Habgier
So wird es sein – und es wird schön sein

Das gibt Ihnen Kraft weiterzutun?

Sicher, unsere Leute singen das so wunderbar.

Bleibt mir nur, Bischof Kräutler für das Gespräch zu danken.

Danke.

Simon Wiesenthal

„Ich kann nicht für andere verzeihen"

Erstsendung: 6. Jänner 1988

Zur Person

Geboren am 31. Dezember 1908 in Buczacz/Galizien;
1915 Flucht nach Wien, Volksschule in Wien;
1917 Rückkehr nach Galizien;
1928 Matura am Gymnasium in Buczacz; Studium an der Technischen Universität Prag
1932 Übersiedlung nach Lemberg und Arbeit in einem Architekturbüro
1936 Hochzeit mit Cyla Müller
1938/39 Herausgeber der satirischen Zeitschrift Omnibus, Mitarbeit als Karikaturist
1941 Deportation in das Ghetto und anschließend in das Konzentrationslager Janowska
1942 Zwangsarbeit im Ostbahnausbesserungswerk; 1943 Flucht aus den Ostbahnausbesserungswerken; 1944 Deportation in das KZ Janowska und anschließend in das KZ Großrosen; 1945 KZ Buchenwald, Transport in das KZ Mauthausen;
5. Mai 1945 Befreiung durch amerikanische Truppen
1945 Mitarbeit bei der amerikanischen Armee bei der Suche nach Kriegsverbrechern
1947 Gründung des Jüdischen Dokumentationszentrums in Linz; 1954 Schließung des Dokumentationszentrums
1960 Verhaftung von Adolf Eichmann nach jahrelangen Recherchen
1961 Wiedererrichtung des Jüdischen Dokumentationszentrums in Wien; Autor von insgesamt 10 Büchern zu zeitgeschichtlichen Themen; Simon Wiesenthal lebt in Wien.

SIMON WIESENTHAL

„Ich kann nicht sterben, ohne daß ich mit mir ins Reine gekommen bin. Das hier soll meine Beichte sein. Hier liegt ein SS-Mann im Sterben, ein Mörder, der keiner sein will, der von einer unbarmherzigen Ideologie zum Mörder gemacht worden ist. Er vertraut seine Untat einem Mann an, der vielleicht schon morgen durch die gleiche Untat sterben muß. ‚In den langen Nächten, in denen ich auf den Tod warten mußte, sagt er, hatte ich immer wieder das Bedürfnis, mit einem Juden darüber zu sprechen und ihn um Vergebung zu bitten. Ich wußte nur nicht, ob es überhaupt noch Juden gibt. Ich weiß, was ich verlange, ist fast zuviel für Sie, aber ohne Antwort kann ich nicht in Frieden sterben.' Ich stehe auf, ich habe mich entschieden. Ohne ein Wort verlasse ich das Zimmer."
Das war ein kurzer Auszug aus dem Buch „Die Sonnenblume", eine Erzählung von Simon Wiesenthal. Der Mann, der zu dem sterbenden SS-Mann gerufen wurde, war Simon Wiesenthal. Der SS-Mann wollte seine Lebensbeichte ablegen, Sie haben ihm nicht verziehen. Haben Sie damals richtig gehandelt, Herr Ingenieur Wiesenthal?

Vielleicht werden manche glauben, das war meine unbewältigte Stunde. Aber man muß die Umstände kennen, die dazu geführt haben: ich war KZ-Häftling, am selben Tag in der Früh hat man aus verschiedenen Baracken ein

Arbeitskommando zusammengestellt, ein sogenanntes „Mistkommando". Man hat uns zur ehemaligen Technischen Hochschule gebracht, wo ich diplomiert habe. Das war jetzt ein SSler-Lazarett. Während wir auf dem Hof waren, kommt eine Krankenschwester und fragt mich: „Sind Sie Jude?" Das kam mir irgendwie wie ein Hohn vor, und ohne daß ich antworte, sagt sie: „Bitte, folgen Sie mir!"
Nun, ich folgte ihr, ich war überzeugt, sie will mir ein Stück Brot zustecken. Nein, sie führte mich in den ersten Stock hinauf, dort, wo unser Dekanat war, in ein ganz kleines Zimmer unter dem Stiegenhaus. Vorerst sah ich nichts, dann hörte ich eine leise Stimme: „Bitte, kommen Sie und setzen Sie sich zu mir." Dann sah ich erst den Mann. Ich sah kein Gesicht, weil das war bandagiert, es war nur ein Ausschnitt für Mund und Nase. Und dann sagt er, er hat gehört, daß hier Juden arbeiten, und er hat die Krankenschwester gebeten, es niemandem zu sagen, und ihm einen Juden zu bringen.

War das für Sie ein Schlüsselerlebnis? Sie haben es jahrelang aufgearbeitet, um es in dieser Terminologie zu sagen.

Es war ein Schlüsselerlebnis, weil ich gesehen habe, daß das, was in diesem Augenblick im Sommer 1942 passiert ist, eine ewige Sache ist. Das ist die Frage um Schuld und Vergebung. Und auch für mich die Frage der Legitimation.

ZUR PERSON

Sie fühlten sich nicht legitimiert zu verzeihen, zu vergeben?

Ich habe nach einem Instinkt gehandelt, und das hat mich dann später wahrscheinlich auch bedrückt, weil ich viele Leute nach dem Krieg gefragt habe: „War es richtig, wie ich mich verhalten habe?"
Ich fühlte, ich kann für die anderen nicht verzeihen. Der Mann hat mir nichts angetan! Und fünfundzwanzig Jahre nach dem Krieg, als von überall der Ruf kam: „Man muß vergeben, man muß vergessen, die Welt hat andere Probleme!", da fragte ich mich: Warum muß das nur mein Problem sein? Ich habe beschlossen, das niederzuschreiben, und habe das Manuskript an mehrere hundert wichtige Leute in aller Welt geschickt. Dann kamen die Antworten: Manche haben sich gedrückt, weil sie wußten, was sie sagen, ist ein Credo, das kann nicht mehr zurückgenommen werden. Das Buch ist in sechzehn Sprachen erschienen, und ich habe einige Bände mit Briefen von Lesern, von Schulklassen, weil das Problem wird immer bestehen.

Ein Jude, sagten Sie, kann nur das verzeihen, was ihm persönlich angetan wurde?

Ja.

Ist das der Schlüssel für Ihr Verhalten in dieser Situation?

Ja, absolut. Ich bin nicht legitimiert, für die anderen zu verzeihen!

Es gibt eine zweite Aussage von Ihnen, wo Sie sagen, Sie hätten einen Stellvertreterkomplex.

Ja, wissen Sie, das war so: Wir waren in Lemberg, wo ich Architekt war, 149.000 Juden, als die Nazis die Stadt besetzt haben. Nach dem Kriege waren fünfhundert am Leben geblieben, meistens Einzelpersonen. Und immer wieder tauchte bei mir die Frage auf: Warum Du, warum nicht die anderen?
Es gab Leute, die intelligenter waren, die der Gesellschaft hätten mehr geben können. Und da kommt dann, wenn du doch am Leben geblieben bist, die Meinung, du mußt alle die vertreten, die nicht überlebt haben. Da kommt so etwas wie ein Stellvertreterkomplex. Man glaubt, man muß der Mund derer sein, denen der geschlossen wurde.

Ist das das Motiv und die Motivation für Ihre Arbeit, die Sie dreiundvierzig Jahre nach dem Krieg Tag für Tag erfüllen? Es gibt eine Aussage von Ihnen, die ich gerade im Jahre 1988 berührend finde. Sie sagen: „Durch meine Arbeit ist für mich jeder Tag ein Gedenktag." Liegen da die Wurzeln, daß Sie im Dokumentationszentrum weiterarbeiten?

Absolut, absolut ja, weil am Anfang war es

SIMON WIESENTHAL

nicht so. Gleich nach meiner Befreiung, als die Amerikaner mit mir gesprochen und nach meinem Beruf gefragt haben, da erzählte ich: „Ich war Architekt." Und sie sagten: „Wir schicken Sie zuerst in ein Sanatorium, und dann werden Sie wieder Häuser bauen!" Und da sagte ich: „Häuser? Für wen? Leute wie ich brauchen keine Häuser!" Und rechnete den Amerikanern auf, was wir alles verloren haben, nicht nur an Materiellem, nicht nur an Menschen, sondern jeden Glauben an Freundschaft, an Fortschritt, an Gerechtigkeit.
Durch einen Zufall sah ich noch, während die Amerikaner die Lagerverwaltung hatten, daß dort eine kleine Gruppe von Amerikanern arbeitete. Das nannte sich „Kriegsverbrecherkommission". Das Wort Kriegsverbrecher ist für mich ein falsches Wort, weil die Verbrechen der Nazis mit dem Krieg sehr wenig zu tun haben.

Das sind Verbrechen, die während des Kriegs geschehen sind, aber keine Kriegsverbrechen.

Keine Kriegsverbrechen, weil sie ja überhaupt den Krieg nicht beeinflußt haben. Ich schloß mich denen an in dem Glauben, daß wir in ein paar Jahren die Gerechtigkeit wieder herstellen würden, und dann könnte ich in den Beruf – ich war Architekt aus Passion! – wieder zurückkehren. Ich konnte nicht wissen, daß es etwas sein wird bis zum Ende meines Lebens.

Medien neigen dazu, mit einer schnellen Formel Menschen darzustellen. Die Formel, die für Sie gefunden wurde, ist „Nazijäger". Wie empfinden Sie selbst diesen Begriff?

Es hat mich am Anfang gestört, später gewöhnt man sich daran. Schauen Sie, die Nazipartei hatte zehneinhalb Millionen Mitglieder. Außerdem gab es einige Hunderttausend bei der SS, die waren überhaupt keine Mitglieder der Nazipartei, weil sie waren die Elite. Nun, und mit wieviel Personen habe ich mich überhaupt befaßt? Mit etwa dreitausend Fällen! Also ich habe nicht jeden Nazi gejagt! Ich habe mich mit diesen Leuten befaßt, von denen ich glaubte, oder ich bekam Unterlagen, daß sie Verbrechen begangen haben. Der Ausdruck „Nazijäger" wurde geprägt, ich würde sagen, von der Gegenseite, um mich irgendwie herabzumindern.

Wie würden Sie sich selbst bezeichnen? Sie haben zehn Bücher geschrieben, Sie sind vielleicht Historiker? Was ist Ihre Selbsteinschätzung?

Ein Rechercheur, nichts anderes.

Was ist für Sie Österreich 1988? Die Staatsbürgerschaft, die Sie besitzen? Der Endpunkt einer Flucht, die noch nicht geendet hat? Oder Heimat?

Zur Person

Also ich bin von Geburt Österreicher. Ich wohnte in einer windigen Ecke der österreichischen Monarchie, so daß ich zeit meines Lebens in meinem Geburtsort mehrmals befreit wurde. Mein Vater ist als österreichischer Soldat gefallen.

Sie wurden am 31. Dezember 1908 in Buczacz geboren?

Ja.

Oder war es der 1. Jänner?

Ach so, ja, das war eine Sache meines Großvaters. Das war das erste Mal, daß ich Zeugen suchen mußte für Ereignisse, die zwanzig Jahre früher stattgefunden haben. Die Hebamme meldete mich am 31. Dezember 1908, mein Großvater meldete mich das zweite Mal, ohne das zu wissen, am 1. Januar 1909.
Das wußte ich nicht, und auch nicht, daß ich in zwei Militärbüchern, die nach Jahrgängen geführt sind, eingetragen bin. Ich bin für den Jahrgang 1908 zur Musterung gegangen. Man hatte aber eine Aversion, jüdische Offiziere zu haben, und man hat sofort, ohne mich anzusehen, gesagt: „Ja, nach dem Studium werden wir Sie wieder rufen." So ging ich nach Prag studieren.
Ein Jahr später war die Musterung des Jahrganges 1909, von der hatte ich überhaupt kei-

ne Ahnung. Bei meiner Rückkehr wurde ich überprüft und war im Fahndungsbuch als einer, der sich nicht gestellt hatte.

Sie waren das Opfer des Ehrgeizes Ihres Großvaters, der seinen Enkel als erstes Kind im Jahr im Geburtsbuch haben wollte.

Ja, aber ich habe einen gefunden, und der war Zeuge, daß ich ungefähr um halbzwölf am Abend zu Hause geboren wurde. Mein Vater kam mit einer Flasche Wodka zu den Nachbarn und sagte: „Mir wurde ein Sohn geboren!" Und eine halbe Stunde später hörte man die Kirchenglocken läuten, die das Neue Jahr eingeläutet haben. So wurde die ganze Sache verifiziert, und das Datum blieb, so wie es war, so wie alle meine Papiere lauteten: 31. Dezember 1908.

Wie war Ihre Kindheit „in der windigen Ecke der Monarchie"? Ihr Vater fiel 1915 als einfacher Soldat.

Ja. Wir waren damals in Stanislau, und dann kamen wir nach Lemberg zu unseren Großeltern, und mit denen sind wir gleich darauf, weil die Russen näher rückten, nach Wien gekommen.

Hier besuchten Sie die Volksschule?

Hier besuchte ich die Volksschule im zweiten Bezirk. Und dann, als Österreich diese Terri-

Zur Person

torien wieder befreit hatte, da ist meine Mutter dorthin, und ich bin mit der Großmutter und mit meinem Bruder mitgekommen. Und dann wurden wir von den Ukrainern befreit. Ein paar Monate hing die ukrainische Fahne, und ein paar Monate später die von den Polen. 1920 hatten wir die Bolschewiken. Wir waren ja im Rahmen des polnisch-sowjetischen Krieges ganz nahe an der Grenze. Dann wurden wir wieder befreit durch Ukrainer, die ein Pogrom veranstaltet haben. Und dann kamen wieder die Polen. 1939 hatten wir noch einmal die Bolschewiken.

Ist „windige Ecke der Monarchie" nicht eine harmlose Umschreibung für das, was dort passiert ist?

Ja, was soll man sagen? Wie kann man es beschreiben? Dieses Land hat den Besitzer laufend gewechselt, heute ist es Sojwetunion. Als ich geboren wurde, war es Österreich. Ich kann mich noch erinnern, daß ich als Kind Lampions gemacht habe aus Anlaß des Kaisers Geburtstag. Die Juden in Galizien waren, glaube ich, die am meisten kaisertreuen Untertanen Österreichs.

Und Träger der deutschen Kultur.

Ja, die Träger einer deutschen Kultur. In jeder Wohnung waren deutsche Bücher, Klassiker.

ZUR PERSON

Wenn mich meine Mutter zurechtweisen wollte, hat sie mir irgendein Zitat eines der Klassiker gesagt und hat gemeint: „Der kann es dir besser als ich, mit meinen Worten, sagen." Und dann haben die Leute die Rechnung dafür bezahlt – die Juden waren alle germanophil, besonders die Juden im Osten. Das Ende ist ja bekannt.

Sie studierten nach Ihrer Matura 1928 Architektur. Warum Architektur? Wir haben in Ihrer Biographie einen Beleg gefunden, der vielleicht heroisiert: Sie haben als ganz kleines Kind mit Zuckerwürfeln Ihres Vaters Häuser gebaut?

Ja, das war nämlich so: Wir hatten eine Vertretung für Zucker für einen großen Bezirk, also Zucker en gros. Und als Kind habe ich immer mit Zucker gespielt und mit Zucker gebaut, so wie ein anderes Kind einen Baukasten hat. Architektur hat mich immer interessiert als etwas Bleibendes. Im Jahr vor der Matura hat meine Mutter noch einmal geheiratet, und mein Stiefvater hatte eine Ziegelei. Dadurch kam ich mit dem Bauwesen sehr nahe in Berührung. In Architektur und Medizin gab es in Polen zu jener Zeit einen Numerus Clausus, das heißt, die Juden machten zehn Prozent der Bevölkerung aus und durften daher nur zu zehn Prozent in gewissen Studien vertreten sein. Bei Jus, Philosophie war es offen. Aber Medizin, Architektur waren beschränkt. So ging ich nach Prag und habe dort brav studiert.

Wie war denn zu dieser Zeit Ihr Lebenstraum? Wenn man all das Grauen, das nachträglich kam, jetzt einmal ausblendet -, was wollten Sie werden, wie haben Sie sich Ihr Leben vorgestellt, Ende der Zwanzigerjahre?

Ich habe mich noch im Gymnasium in eine Kollegin verliebt, und sie ist heute meine Frau. Mein Traum damals war, etwas zu werden, Architekt zu werden. Man konnte ja all das, was sich so abgespielt hat, niemals voraussehen. Ich habe in Prag das Absolutorium gemacht, und um in Lemberg zur Nostrifizierung zugelassen zu werden, habe ich in einem Baubüro gearbeitet. Aber mein Verhältnis zur Architektur war ein ganz anderes. Wenn ein Klient gekommen ist und gesagt hat: „Bitte, das ist das Grundstück. Ich möchte ein Familienhaus." Habe ich gesagt: „Bevor wir noch reden, möchte ich Ihre Familie sehen." Ich wollte die Leute sehen, denen ich dieses Haus gebe. Zu jener Zeit war das nicht usuell. Mein Zugang war eine menschliche Art, weil ich wußte, ein Haus ist etwas Bleibendes, das wird nach mir bleiben.

Sie haben sich aber in dieser Zeit bereits politisch betätigt: Sie haben Karikaturen gezeichnet.

Ja.

ZUR PERSON

Sie haben in der Zeitschrift „Omnibus"...

Da war ich der Herausgeber.

Karikaturen gezeichnet. Glaubten Sie damals, mit Karikaturen dem Naziregime entgegentreten zu können?

Wir haben Hitler unterschätzt. Das war die Sünde unserer Generation. Wir waren so verliebt in den Fortschritt, in Freundschaft, in Kultur, daß wir einen Mann mit diesen Ideen überhaupt keine Chance gaben, in einem intelligenten und kulturellen Volk etwas zu werden.

Glauben Sie, wäre Hitler nicht zu dem geworden, was er geworden ist, wenn es gelungen wäre, ihn so transparent zu machen, wie es heute hoffentlich den Medien gelingt, Leute transparent zu machen?

Ich habe mir für Hitler zu jener Zeit einen Namen ausgedacht und dazu auch eine Karikatur gezeichnet, die mir aber leider nicht geblieben ist. Ich nannte ihn „Mussolenini", weil er von beiden das genommen hat, was er für sein Programm gebraucht hat. Natürlich hat die Uneinigkeit Europas dazu geführt, daß Hitler überall leichte Beute hatte.

Es folgten die grauenvollen Jahre des Holocausts. Ich möchte Ihre Biographie in einigen wenigen Daten festmachen und Sie bitten, uns den dritten, vierten Juli 1941 zu erzählen. Am 22. Juli 1941 hat Hitler wegen oder trotz des Abkommens mit der Sowjetunion diese überfallen. Sie wurden am 3. beziehungsweise 4. Juli, das war nicht auf den Tag genau festzumachen, verhaftet.

Am dreißigsten besetzten die Deutschen Lemberg, und mit ihnen kamen Hilfsverbände, ukrainische Hilfsverbände. Die waren in deutschen Uniformen, hatten aber blau-gelbe Streifen. Bevor die Sowjets abgezogen sind, haben sie in den Gefängnissen alle Leute, die sie verhaftet haben – das waren polnische, ukrainische Nationalisten, auch Zionisten – und die sie nicht mitnehmen konnten, in den Zellen erschossen und die Gefängnisse in Brand gesteckt.
In dem Moment, wo die Deutschen gekommen sind, liefen alle Familien zu den Gefängnissen und fanden nur die verkohlten Leichen. Das führte zu einem fürchterlichen Aufruhr, und sofort hieß es: „Die Bolschewiken und Juden, das ist ja dasselbe! Die Juden haben das gemacht!" Manche dieser mit den Deutschen gekommenen ukrainischen Truppen hatte eine Liste der jüdischen Intelligenz aus Lemberg bei sich. Warum? Weil, das war ja auch bei den Nazis so: Zuerst liquidieren wir die Intelligenz als die potentiellen Leiter der Resistence.

Zur Person

Ich versteckte mich im Keller. Meine Frau war den ganzen Tag auf der Straße, vor unserer Wohnung hängte ein Schloß. Das war ein paar Tage so. Und ich saß im Parterre bei einem Juden und spielte Schach. Da kam einer hinein und hat uns beide mitgenommen. Das war der 4. Juli, am Nachmittag. Man brachte uns in das Gefängnis. Dort stand schon eine lange Reihe von Leuten vor einem Tisch mit Schnaps, mit vielen Pistolen, die immer geladen wurden. Man mußte sich hinstellen und bekam den Genickschuß. Und gleich waren da zwei, die die Leiche hinausgeschliffen haben. Dann kamen Lastwagen und brachten sie weg.
Vor mir waren vielleicht noch zehn oder zwölf, dann war ich an der Reihe. Ich habe damals etwas erlebt, was ich nur aus Erzählungen kenne: In so einem Moment, da sehen Sie Ihr ganzes Leben wie einen verkehrten Film. Und auf einmal läuteten die Kirchenglocken, es war sechs Uhr, und der Mann schaut auf die Uhr und sagt: „Feierabend." Und man hat uns, etwa vier-, fünfundzwanzig, in den ersten Stock in eine Zelle zurückgebracht. Man war vorsorglich: Die Schuhbänder wurden uns weggenommen und die Riemen, daß wir uns nicht selber aufhängen.
Und vielleicht war es Mitternacht, da öffnete sich die Tür, ein Mann mit einer Taschenlampe kam herein, schaute sich die Leute an, blickte auf mich und sagt: „Herr Ingenieur, was machen Sie hier?" Frage ich: „Wer sind Sie?" Er

richtet die Taschenlampe auf sein Gesicht – das war ein Hilfsmaurer, der dort gearbeitet hat, wo ich die Häuser gebaut habe. Ich habe für ihn eine Hausbesorgerstelle besorgt, und er war sehr dankbar. Und da sagt er: „Ich muß Sie, ich will Sie retten!" Sage ich: „Sie können mich nicht retten. Nein, ich bin zusammen mit dem Mann, der neben mir sitzt, verhaftet worden." Das war dann eine längere Geschichte, wie er uns herausgebracht hat. Auf alle Fälle, ich hab's überlebt, sonst wäre ich nicht hier.

Der zweite Tag, den ich Ihnen ganz gerne als Initialzündung für Ihre Erinnerung liefern möchte, ist der 20. April 1943. Sie entschuldigen den Zynismus, wenn ich es so sage, wie Sie es in einem Buch geschrieben haben: „Die SS erschießt an diesem Tag Juden zu Ehren Hitlers, der an diesem Tag seinen Geburtstag feiert." Erinnern Sie sich daran?

Sowas kann man nicht vergessen. Ich arbeitete beim „Ostbahnausbesserungswerk" als Techniker. Ich habe ja am Anfang verschwiegen, daß ich Ingenieur bin, weil die Intelligenz war ja das erste Ziel. Ärzte, Anwälte und so weiter, die hat man sofort herausgeholt. Ich arbeitete beim Ostbahnausbesserungswerk, zuerst als Schwarzarbeiter, dann später suchte man Lackierer. Da meldete ich mich: „Ich bin Lackierer." Und dann wurde ich Schriftmaler. Da mußte ich die Beutelokomotiven mit dem

deutschen Emblem beschriften und auch den Hoheitsadler malen.
Nach einiger Zeit gab ich die Schablone weg und habe alles mit der Hand gemacht, bis eines Tages der Oberwerkdirektor vor mir steht und fragt: „Was für Schulen haben Sie?" Na, sag ich: „Gewerbeschule". „Ja", sagt er, „aber Sie arbeiten ja nicht wie ein Handwerker, Sie müssen eine andere Bildung haben?" Neben mir steht ein polnischer Arbeiter und sagt: „Das ist ein Ingenieur." Darauf sagt der Direktor Heinrich Guenthert – er war später nach dem Krieg Präsident der Deutschen Bundesbahn -: „Warum haben Sie mich belogen? Morgen kommen Sie zu mir in die Verwaltung!" Und da bin ich gekommen, und sagt er: „Sie wissen, ich kann Sie der Gestapo übergeben, weil Sie mich angelogen haben. Warum haben Sie das gemacht?" Und dann sagt er: „Sie sind Ingenieur, ich bin auch Ingenieur." Sage ich: „Wollen Sie eine Ausrede oder die Wahrheit?" Sagt er: „Selbstverständlich die Wahrheit!" Na, da sagte ich ihm die ganze Wahrheit. Er antwortete nicht darauf – er hatte ein Abzeichen der NSDAP – und rief in der Verwaltung, in der technischen Abteilung an. Da kam ein Oberinspektor. Sagt er: „Können Sie einen Ingenieur brauchen?" Der schaut mich an und sagt: „Herr Oberwerkdirektor, wir können ihn nur als Zeichner beschäftigen." „Ist egal, aber der soll nicht im Frost stehen und Lokomotiven bemalen."

Nun, da habe ich zwei Tage in dem technischen Büro gearbeitet, und am dritten Tag kam der Inspektor in die Baracke und sagte: „Wissen Sie, die Volksdeutschen haben eine Delegation zum Oberwerkdirektor geschickt, sie wollen nicht mit einem Juden in einem Saal arbeiten. Aber", sagt er, „die verdammten Pollacken, die sprechen ja überhaupt noch kein deutsches Wort! Ja, manche von ihnen haben deutsche Namen und glauben, sie sind etwas Besseres." Ich gab keine Antwort. Sagt er: „Ich werde die Sache arrangieren, daß Sie weiterarbeiten können." Es gab eine Menge Baubüros, und er hat von einer Baufirma ein Zimmer genommen und gesagt: „Hier wird Wiesenthal sitzen." Dort habe ich gearbeitet.
Und dann kam der 20. April 1943. Schon in der Früh kamen zwei SS-Männer vom Werklager und holten mich und noch einen Mann – ich vermute, er war ein Arzt, ich weiß es nicht, wir waren ja dreihundert dort. Wir wurden in das Lager gebracht, in den „Schlauch". Der „Schlauch", das war ein Korridor auf beiden Seiten mit Stacheldraht. Und ich wußte, dieser Korridor führt zur Sandgrube.
Dann so gegen neun Uhr, da habe ich das Kommando gesehen, darunter Kohlrautz und Koller, und man hat uns zur Sandgrube hinuntergeführt. „Ausziehen!" Fein säuberlich, nicht wahr, unsere Kleidung, die Schuhe zusammen, und dann, über dem Massengrab war ein Brett, hier haben sie die Leute aufgestellt,

jeder mußte vortreten, er bekam den Schuß und fiel in die Grube.
Und auf einmal hörte man, daß das Schießen aufgehört hat. Ich war noch immer betäubt, und hinter mir sagt einer: „Man ruft deinen Namen!" Und dann sagte er, der Kohlrautz: „Ist der Wiesenthal noch da?" Da kommt der SS-Rottenführer Koller hinunter und holt mich nackt herauf. Und auf dem Weg zurück sagt der Kohlrautz: „Weitermachen!" Und bevor ich noch den Hügel oben war, war schon keiner mehr am Leben. Man brachte mich in die Kleiderkammer und wieder zurück zum Ausbesserungswerk. Wissen Sie, warum man mich gebraucht hat? Man brauchte mich, um ein großes Transparent zu malen: „Wir danken unserem Führer!"

Ihr Retter war Kohlrautz, und ein zweiter Name fiel in diesen Erinnerungen: Heinrich Guenthert.

Ja.

Zwei Nazis, die offenbar einen Beitrag geleistet haben, Ihnen das Leben zu retten – ich will es vorsichtig formulieren. Mit Heinrich Guenthert waren Sie auch nach dem Krieg oder sind Sie seit dem Krieg in Kontakt?

Ja.

Wie ist dieser Kontakt?

Zur Person

Also, Kohlrautz ist leider gefallen, 1945 in Berlin. Ich habe ja diese Leute alle gesucht, weil ich geglaubt habe, vielleicht brauchen sie Hilfe. Und für mich waren Leute wie Kohlrautz und Guenthert der beste Beweis, daß auch ein Parteigenosse mit einer weißen Weste vom Kriege zurückkommen konnte. Und das war für manche Holländer ein Schock. Als meine Tochter geheiratet hat, und nachdem wir keine Familie haben, da habe ich zwei Deutsche sozusagen als meine Gäste mitgebracht: den Heinrich Guenthert und den Oberst Müller, der am 20. Juli zum Tode verurteilt wurde, aber durch diese Wirren am Leben geblieben ist, weil er war in einem anderen Gefängnis, und es wurde bombardiert und so weiter.

Sie haben in vielen Interviews, Gesprächen, in Büchern immer wieder gesagt: Es gibt keine Kollektivschuld, es gibt nur individuelle Schuld.

Wenn man der Individualschuld nachgeht, befreit man ja die anderen von der Kollektivschuld. Ich wurde das erste Mal mit dem Begriff der „Kollektivschuld" öffentlich in den Fünfzigerjahren konfrontiert. Das war am Anfang des Fernsehens, da wurde ich zu einem Gespräch nach Hamburg eingeladen. Und der Interviewer fragt mich unvermittelt, es war live: „Sind Sie für oder gegen die Kollektivschuld?" Sage ich: „Gegen. Warum? Aus zwei Gründen. Erstens waren doch die Juden durch fast zwei-

tausend Jahre immer Opfer der Kollektivschuld, und zweitens", sage ich, „ist die These gegen die Kollektivschuld in der Bibel verankert."
Das ist mir gerade in dem Augenblick so gekommen. Darauf sagt der Interviewer: „In der Bibel? Ich bin der Sohn eines Pastors, ich kenne die Bibel auswendig, da bin ich aber neugierig." Und da sage ich ihm die Bibelszene, die Geschichte von Sodom und Gomorrha, wie Abraham mit Gott kämpft: „Vernichte nicht diese Stadt. Vielleicht sind hundert gerecht dort." Gott sagt: „Es gibt keine hundert. Vielleicht sind es fünfzig, vielleicht sind es zwanzig." In der Bibel gibt es keine Zufälle. Niemand weiß, wer die Bibel geschrieben hat, aber das sind Richtlinien für Tausende von Jahren. Und diese Geschichte ist die These gegen die Kollektivschuld. Und das hat damals großes Aufsehen in Deutschland erregt.

Sind Sie religiös, Herr Ingenieur Wiesenthal?

Ich bin religiös in dem Sinne, daß für mich die Ethik das Primäre ist. Nicht Gebete, aber die Ethik. Und das war ziemlich schwer, nach diesen vier Jahren der Konzentrationslager, irgendein Verhältnis zu Gott zu haben, oder wie wir dieses hehre Wesen, das die Welt regiert, benennen wollen. Ich habe erlebt, wie orthodoxe Juden zu Atheisten wurden, und ich habe

Atheisten gesehen, die gottgläubig geworden sind. Weil wir hatten immer nur Fragen, aber keine Antworten.

Sie beschreiben in einem Ihrer Bücher ein Gespräch in einer Nacht in einem KZ, wo die Worte einer alten Frau von den Gefangenen diskutiert wurden. Sie sagte: „Gott ist auf Urlaub." War das eine Hilfskonstruktion für Sie?

Da kam einer vom KZ, er hat einen Durchlaufschein gehabt, und am Abend, da hörte ich, wie er so Verschiedenes erzählt – ich lag auf der Pritsche unten – und sagt: „Simon, hast du gehört, was die alte Frau gesagt hat?" „Und", sag ich, „was hat sie gesagt?" Sie hat gesagt: „Gott ist auf Urlaub!" Sagte ich: „Weck' mich, wenn er zurück ist!"
Aber wir wußten, wenn es einen Gott gibt, dann gibt es für beide keinen Platz! Gott und Hitler! Einer mußte weichen!

Ich möchte diese Zeit mit einem Zitat, das Ihnen sicher bekannt ist, kurz charakterisieren: Reichsführer SS Heinrich Himmler 1943 bei einer Geheimrede vor SS-Offizieren in Bozen: „Ein Grundsatz muß für den SS-Mann absolut da sein: Ehrlich, anständig, treu und kameradschaftlich haben wir zu unserem Blut zu sein, zu sonst niemandem!" Und: „Das jüdische Volk wird ausgerottet."

Ja, das war seine Rede am 9. Oktober 1943 in Bozen. Es waren nicht nur SS-Führer, es waren noch eine ganze Reihe anderer Leute dabei, als er das erklärt hat: Das war ja sein Wort, wie er diese ganze Sache in Verbindung mit Anständigkeit gebracht hat – das war ja dieses Schizophrene bei allen diesen Leuten. Ich meine, ich habe die SS studiert, die Nazis studiert, all das seit dem Kriege. Dieses Studium begleitet mich vierzig Jahre. Und immer wieder stelle ich mir die Frage: Wie ist es möglich, daß diese kleinen Leute ohne irgendeinen kulturellen Background an der Spitze sein konnten?

Ich möchte noch kurz in Ihrer Biographie bleiben und noch ein Detail erwähnen: Sie sind nach einer Irrfahrt durch insgesamt zwölf KZs nach Mauthausen gekommen, haben im Todesblock gezeichnet. Eine Vorstellung, die an sich unvorstellbar ist: Wie kann man im Todesblock Zeichnungen anfertigen? Wie kann man das Grauen, die Unmenschlichkeit in Zeichnungen zu bewältigen versuchen?

Ich war im Todesblock. Ein SS-Mann – ich weiß nicht, der Rapportführer oder sein Gehilfe – hat immer nur das Tor zum Block geöffnet und gefragt: „Wieviele sind in dieser Nacht krepiert?" Wahrscheinlich konnte man uns nicht alle liquidieren, weil das zweite Krematorium in Bau war.

ZUR PERSON

Ich war mir aber bewußt, daß die Nazis den Krieg verlieren werden. Aber es war ein Wettlauf zwischen Befreiung und Tod. Und da sagte ich mir, ich will, daß etwas bleibt! Das dokumentiert dieses Grauen. Und keiner konnte mich daran hindern, ich meine, keiner von der SS.
Der Arzt gab mir eine Schere, und außerdem gab es einen polnischen Mithäftling, der war der Essenholer. Und er hatte viel Sympathie für mich und gab mir Papier. Er wußte, daß ich zeichne. Ich habe ja viel mehr Zeichnungen gehabt. Wie die Amerikaner in die Baracke gekommen sind, saß ich mit einem Stapel Zeichnungen, und jeder sagte: „Ein Souvenir, ein Souvenir!" Erst vor zwei Jahren hat ein Soldat bei sich drei Zeichnungen von mir gefunden und hat an die Jewish Federation in Memphis einen Brief geschrieben, Fotos beigelegt und zwanzigtausend Dollar verlangt. Die Gemeinde in Memphis schrieb mir einen Brief und sagte: „Sind das Ihre Zeichnungen?" Sag ich: „Natürlich sind das meine Zeichnungen, aber sie sind das Geld nicht wert." Irgendein Gönner hat die Zeichnungen gekauft, sie sind jetzt im Simon-Wiesenthal-Center in Los Angeles.

Sie wurden am 5. Mai 1945 in Mauthausen befreit. Sie hatten überlebt und plötzlich den Lebenssinn verloren

Das stimmt.

Simon Wiesenthal

Sie glaubten, Ihre Frau sei tot; Ihre Frau glaubte, Sie seien tot. Es war, wenn man es mit diesem kalten Wort sagen kann, der totale „Zusammenbruch".

Die Monate zuvor wurde ich von einem KZ ins andere geschleppt, und da haben wir gesehen: Es geht alles zu Ende. Mein einziger Gedanke war: Ich will noch den Zusammenbruch des Bösen erleben! Und als das geschehen war, da fühlte ich auf einmal eine Leere. Es gab niemanden, für den und mit dem ich hätte weiterleben sollen oder können. Und da hab ich nachgedacht: „Was mach' ich mit meinem Leben? Wieder Architekt sein? Nein."
Da waren ja immer die Interrogations mit den Amerikanern. Diese ersten Amerikaner von der kämpfenden Truppe, die die Lager befreit haben, die wußten wirklich nicht, was sie alles für uns tun sollten. Und da habe ich mir gedacht: „Ach, einige Jahre will ich helfen." Und ich habe an den amerikanischen Kommandanten einen Brief geschrieben –

Den habe ich hier. Er enthält eine erste Liste von Kriegsverbrechern ...

Kein einziger hat zu jener Zeit sowas geschrieben. Und ich habe diese Liste von 91 ehemaligen Nazis oder SS – Männern, die Verbrechen begangen haben, aufgestellt. Ich hatte mir schon während der Zeit meines Leidens immer alles über diese Leute gemerkt.

ZUR PERSON

Ihnen wird ein fotografisches Gedächtnis nachgesagt?

Ja. Ich habe das ohne jeden Behelf, auf der Pritsche, mit der Hand geschrieben. In Polnisch, es wurde ins Englische übersetzt, und das ist die Liste von 91 Leuten, die Verbrechen begangen haben, die ich bezeugen kann. Und im Laufe der Zeit habe ich über siebzig von diesen Leuten vor Gerichte gebracht.

Ich möchte noch einmal auf die Motivation für Ihre Arbeit zurückkommen. War es Vergeltung, war es der Versuch, Rache zu üben – ich verwende dieses Wort –, war es der Versuch, Sühne zu sehen, oder war es der Versuch, Gerechtigkeit in die Welt zu bringen?

Wirklich Gerechtigkeit. Für Rache fehlt mir eine Komponente, nämlich Haß. Ich bin kein Hasser. Ich war niemals ein Hasser, auch in einer Zeit nicht, wo ich selber Nazis verhaften konnte – ein Jahr, bei den Amerikanern.
Ich hatte Abscheu vor diesen Leuten, die ohne Motivation, nur um einer Tat einen politischen Anstrich zu geben, Leute gemordet haben. Ich war bei den Männern von der US-Militärpolizei, ich hätte damals einem verhafteten Nazi eine Ohrfeige geben können. Aber warum? Ist das die Antwort? Es war nicht die Antwort. Aber ich sage: Ich wollte einen Zipfel der Gerechtigkeit. Warum? Weil drei Jahre später,

1948, hat der Kalte Krieg begonnen, der dauerte zwölf Jahre. Zwölf Jahre Schonzeit für Mörder. In diesen zwölf Jahren ist nichts passiert, die einzigen Gewinner des Kalten Krieges waren ja die Verbrecher.

Sie haben Ihre Frau, die sie tot glaubten, wiedergefunden. Es ist eine unglaubliche Geschichte, die bei allem Grauen fast anekdotischen Charakter hat.

Gleich nach der Befreiung, also von Mauthausen, kam ich nach Linz, und wir gründeten ein jüdisches Komitee und machten eine Liste der Überlebenden. Wir schickten die Liste nach München, bekamen die Münchner Liste der Überlebenden und so weiter. – Eines Tages bekam ich eine Liste aus Krakau. Ich habe sie durchgesehen, und auf einmal sah ich, daß ein Kollege von mir, Dr. Bienert, ein Anwalt, draufstand. Aber es gab keine Möglichkeit, Kontakt aufzunehmen, weil es keine Post gab. Die einzige Kommunikation war über Leute, die geschmuggelt haben, von Ungarn nach Polen, von Polen in die Tschechoslowakei und zurück. Ich glaubte, daß meine Frau tot sei. Warum? Meine Frau wurde 1944 durch die polnische Untergrundbewegung aus dem Lager gerettet und ich wußte, wo sie in Krakau wohnt. Und da fragte ich in Polen nach: „Ach", sagte man mir, „die Nazis haben alle Häuser mit den Leuten in die Luft gesprengt. Dort gibt es keine Überlebenden."

Zur Person

Ich habe auch über das Internationale Rote Kreuz nachgefragt. Nichts. Und auf einmal sehe ich, daß der Dr. Bienert in Krakau lebt, schreibe ihm also auf diesem Schmuggelweg einen Brief. Er soll fragen, ob man in Warschau aufräumt, weil in diesem Ruinenmeer soll sich neben anderen Toten auch meine Frau befinden. – Meine Frau hat aber überlebt. Sie wurde vor dem Warschauer Aufstand als Polin nach Deutschland gebracht. Sie arbeitete in Heiligenhaus bei Solingen als Zwangsarbeiterin, und wurde von Engländern befreit. Und sie machte sich auf den Weg nach Polen, dachte, wenn ich am Leben bin, dann kann ich nur dort sein.

Sie baten Dr. Bienert, Ihre Frau zu finden?

Ja. Als meine Frau zufällig erfuhr, daß er am Leben ist, klopfte sie an dem Tag, an dem er meinen Brief mit der Bitte, die Leiche meiner Frau zu suchen, bekommen hatte, an. Und meine Frau schaut auf den Brief und sagt: „Der ist nicht von Simon, Simon lebt nicht." Ich wurde ja damals aus einem Versteck verhaftet, habe mir die Pulsadern durchgeschnitten, und mein Verbindungsmann schrieb ihr, es ist aus. Dann dauerte es noch einige Wochen, bis ich den Brief meiner Frau bekommen habe. Dabei gab es aber folgendes: Wir hatten zu Hause bei der Ziegelei sehr viele Pferde. Ich hatte dort einen weißen Schimmel, den ich beritten hatte.

Zur Person

Nach dem Kriege – wir waren in einem Lager bei Leonding – ging ich einmal an einem Bauernhof vorbei und sah viele Pferde, und auf einmal hatte ich Lust bekommen zu reiten und sagte zu dem Bauern: „Können Sie mir für zehn Minuten das Pferd borgen?" Da sagt er: „Ja, warum nicht? Können Sie auch reiten?" Sag ich: „Ja!" Schwang mich auf das Pferd, ohne Sattel – ich bin zu Hause oft ohne Sattel geritten –, und machte einen leichten Trab. Aber ich hatte mein Gewicht ignoriert – ich habe ja damals noch keine sechzig Kilo gewogen –, und das Pferd hat mich runtergeschmissen, und ich habe mir ein Bein gebrochen. Und nun lag ich in Gips in dem Block, und da kam der Brief meiner Frau.
Ich habe den amerikanischen Captain angerufen und sagte: „Hör zu, ich müßte nach Polen." „Ach", sagt er, „wir werden deine Frau bringen." „Nein", sag ich, „das geht nicht, ihr könnt ja nicht meine Frau aus Polen holen." Und dann habe ich einen Freund mit allem Geld, das ich hatte, und das mir die Amerikaner noch gegeben haben, und amerikanischen Papieren für meine Frau und für ihn für die Rückkehr ausstaffiert. Und dann fuhr er nach Prag, dann haben sie irgendwo einen Lastwagen gemietet. Auf dem Weg war eine Kontrolle, und die Leute haben Panik gemacht: Wenn jemand amerikanische Papiere hat, soll er sie zerreißen. Der Dr. Weißberg, das war der Mann, hat alle Papiere zerrissen. Als er nach

Krakau gekommen ist, hat er die Adresse meiner Frau nicht mehr gehabt. Er ging ins Jüdische Komitee und hat dort ein Aushängeschild gemacht: Ich suche Frau Wiesenthal, um sie nach Österreich zu ihrem Mann zu bringen. Ich hatte davon natürlich keine Ahnung.
Nach drei Wochen ist er zurückgekommen und hat mir alles erzählt. Ich lag noch im Bett und sagte: „Und was war weiter?" Sagt er: „Schau, drei Frauen haben sich gemeldet, und jede sagte, sie ist die Frau Wiesenthal. Ich wußte, daß es für die Frauen die einzige Möglichkeit ist, von Polen rauszukommen. Ich habe ja deine Frau nicht gekannt, und – du weißt ja, ich habe meine Frau verloren – ich habe dir die mitgenommen und habe mir gedacht, wenn es nicht die Frau Wiesenthal ist, dann will ich sie heiraten." Sag ich: „Und wo ist sie?" Sagt er: „Sie ist unten. Die hab ich nicht mitgenommen, um dich nicht zu erschrecken. Stell dir vor, ich bring dir eine falsche Frau?" Ich lieg im Bett und sag: „Bring sie rauf." Er hat sie gebracht, und ich hab gesagt: „Du mußt dir eine andere Frau zum Heiraten suchen."

An diesem Abend machten sie mit Ihrer Frau eine Liste der Überlebenden Ihrer Familie. Es war eine kleine Liste.

Sie können sich vorstellen, wir waren ja einige Jahre voneinander getrennt. Wir wußten nicht viel. Und unser erstes Gespräch war: „Wer lebt noch von uns? Von deiner Familie und von meiner Familie?" Und das war etwas sehr Trauriges. Wir haben eine Liste mit 89 Personen gemacht, von denen wir wußten, daß sie umgekommen sind. Da habe ich erst diese ganze Tragödie gesehen. Und wir haben davon gesprochen, ob wir ein Kind haben sollten. Ein Kind, das nicht weiß, was ein Großvater, was eine Großmutter, was ein Onkel, was eine Tante ist. All das. Wir sprachen davon, daß so ein Kind sehr arm sein wird. Aber wenn wir weiterleben wollen, müssen wir eine Familie sein. Und schon ein Jahr später kam unsere Tochter zur Welt.

Und die Familie hat Ihre 43 Jahre Arbeit im Dokumentationszentrum mitgetragen, obwohl Ihre Frau Sie wiederholt gebeten und angefleht hat aufzuhören. Sie sagten, Sie müßten weitertun, obwohl Sie im Jahre '54 einmal ausgestiegen sind. Damals haben Sie Ihr Archiv in Linz geschlossen.

Ja, ich habe das Archiv geschlossen, alle Dokumente, mit Ausnahme des Falles Eichmann, gingen nach Jerusalem. Ich habe das getan, weil am Zenit des Kalten Krieges kein Gericht von dem etwas hören hat wollen. Ich ging zu Richtern in Linz, nach Wien, und habe vorgesprochen.
Erst im Jahre '60, nach dem Eichmann-Prozeß, wurde alles wieder erneuert. Mein Büro in

Linz war zwei Häuser von der Familie Eichmann entfernt. Ich wußte alles, was dort passiert. Ich wußte, daß Eichmann in Buenos Aires ist. Ich habe einen Bericht an den Jüdischen Weltkongreß und an die Israelische Regierung gemacht und bekam einen Brief vom Herrn Nahum Goldmann, daß das nicht stimmen kann. Er wisse aus amerikanischen Geheimdienstquellen, daß Eichmann in Damaskus ist. Das dauerte noch weitere fünf Jahre, in der Zwischenzeit hatte ich alle Informationen über den Aufenthalt von Eichmann. Und dann kamen die Israelis und sagten: „Wir haben jetzt von anderer Seite auch die Information." Die Sache Eichmann war ein Mosaik, wo Dutzende Leute ihre Steinchen beigetragen haben. Ich kenne nur meine. Aber durch den Fall Eichmann wurde ich bekannt.

Eichmann wurde am 31. Mai 1962 hingerichtet.

Ich war sechs Wochen beim Eichmann-Prozeß. Und das alles kam mir so unwirklich vor. Als der Richter Eichmann fragte: „Fühlen Sie sich schuldig?" Sagte er: „Nein." Da sage ich zu einem, der neben mir gesessen ist: „Wissen Sie, der Richter müßte ihn sechsmillionenmal fragen."

Wie war die Zeit des Kalten Krieges in Österreich? Sie wurden angefeindet. Wie war das

Klima für Ihre Arbeit, für das Aufsuchen von Nazi-Verbrechern?

Das werde ich Ihnen sagen. Man muß mit '45 beginnen. Da regierte hier die perverse nazistische Logik: Die Juden waren Hitlers Feind Nummer Eins, das hat er ja immer gesagt. Nachdem er den Krieg verloren hatte, waren die Juden die Sieger Nummer Eins.
In den ersten zwei Jahren nach dem Kriege konnte man sich als Jude nicht erwehren, weil die Leute kamen, um einem zu sagen, was sie alles für die Juden gemacht hatten. Leute, die später bei der Freiheitlichen Partei waren, haben rausgesucht, um zu dokumentieren, daß sie ein Achtel Jude sind und so weiter. Da entstanden Vereine von rassisch Verfolgten, da waren Zweisiebtel-Juden und Dreiachtel-Juden und Vierzehntel-Juden. Der zur Schau getragene Philosemitismus war für mich die Kehrseite des Antisemitismus, und ich sagte einmal zu einem Mann: „Bei euch war ja einmal diese große Parole ‚Jud Süß‘. Das hat sich verwandelt in ‚süßer Jud‘."
Erst zwei Jahre später haben die Leute bemerkt, daß die Juden nicht die Sieger Nummer Eins sind. Und schnell lösten sich alle diese Vereine auf. Und wenn einer zu mir kommt und sagt: „Ich bin Halbjude", sage ich: „Hören Sie, warum sagen Sie mir das?" „Na ja, ich wollte Ihnen das nur sagen." Sag ich: „Gab es Halbjuden vor Hitler?" Sagt er:

„Nein." Sag ich: „Warum soll es sie nach Hitler geben? Entweder man ist Jude, oder man ist keiner."
Mit den verschiedenen Formen des Antisemitismus war ich laufend konfrontiert, besonders nach '55. Und ich habe immer für mich eine Antwort gesucht: Wie war das alles möglich? Und ich habe nicht nur die Leute gesucht, die Verbrechen begangen haben, ich habe auch in der Geschichte nachzuforschen begonnen. Und auf einmal zeigt mir jemand Notgeld aus dem Jahre 1920, gemacht von einem antisemitischen Verein.

Schutzverein Antisemitenbund.

Ja, Schutzverein Antisemitenbund. Da habe ich begonnen, mich mit der Sache zu befassen: Ist es ein Zufall, daß Hitler in diesem Land geboren wurde? Hitler, Kaltenbrunner und so weiter? In allen meinen Gesprächen sagte ich: „Wurde befreit." Die Leute haben sich sozusagen in die Zunge gebissen, um nicht zu sagen: „Wir wurden '45 besetzt." Diese Sache ging Jahre hindurch. – Heute, glaube ich, haben wir einen Umdenkprozeß. Ich habe noch im Jahre '69 oder '68 mit Professor August Maria Knoll gesprochen. Er war ein wunderbarer Mensch. Ich hatte die Idee: Als moralische Wiedergutmachung sollen wir ein Internationales Institut zur Erforschung des Antisemitismus schaffen. Fritz Heer, Dr. Daim, Professor Pe-

linka, Professor Weinzierl, alle haben dem zugestimmt...

Das war vor zwanzig Jahren. Es ist aber nie dazu gekommen.

Wir haben Statuten eingereicht. Ich wollte in dieser Sache nur zeitweilig ein Sekretär sein. Warum? Weil die Juden sozusagen das Objekt vom Antisemitismus sind, aber in meinen Augen ist Antisemitismus eine soziale Krankheit, die die anderen befallen hat. Leider konnten wir für diese Idee kein Geld bekommen, und nach einem Jahr haben wir die Statuten ruhen lassen. Vielleicht kann man im Jahr 1988, neben allen diesen Dingen, die man versucht, auch etwas Bleibendes machen.

Ist der Antisemitismus 1988 in Österreich stärker als früher, '68, '58, oder ist dieser Bodensatz, der in Repräsentativuntersuchungen immer mit ungefähr zehn Prozent ausgewiesen wird, gleichgeblieben?

Sehen Sie, die alten Antisemiten haben sich durch alle die Veröffentlichungen, durch die Filme und die Bücher geduckt. Im Zuge des Wahlkampfes im vergangenen Jahr mit einer Reihe von antisemitischen Untertönen haben sich viele dieser alten Antisemiten aufgerichtet und versucht, Kontakte zu jungen Menschen zu finden.

SIMON WIESENTHAL

Stärker oder schwächer 1988 als 1968?

Wir hatten früher Antisemiten und auf der Gegenseite nur Gleichgültige: „Ach, was gehen uns die Juden an?" Heute ist die Zahl der Gleichgültigen kleiner geworden. Viele Menschen – das ist der Prozeß des Umdenkens –, die sich damit nicht befaßt haben, kommen heute, rufen an, laden zu einem Gespräch ein, haben Ideen. Sie sagen: „Das kann nicht so weitergehen!" Und das ist das Positive an dieser ganzen Sache.

Sie sind fünffacher Ehrendoktor von großen amerikanischen und internationalen Universitäten, Sie haben Ehrendiplome, die Medaille des US-Kongresses, Sie sind weltweit ausgezeichnet. Wie behandelt Sie das offizielle Österreich?

Schauen Sie, das offizielle Österreich, das sind Parteimanager, die denken sich immer: Wieviele Stimmen kann ich verlieren, oder wieviele Stimmen kann ich gewinnen?
Zu meinem fünfundsiebzigsten Geburtstag hat die österreichische Widerstandsbewegung ohne mein Wissen einen Brief an den damaligen Unterrichtsminister geschrieben und vorgeschlagen, mir den Professorentitel zu verleihen. Wenn ich gewußt hätte, daß sie das machen, hätte ich gesagt: Nein. Aber sie sind damit ohnehin nicht durchgekommen, wie ich

Zur Person

Blicke in den Zuschauerraum…

SIMON WIESENTHAL

...Gespannte Erwartung im Publikum

später erfahren habe. In Amerika gibt es keine große Universität, die mir nicht vorgeschlagen hat, sie wollen mich auf der Liste haben, ich soll nur einmal im Jahr zu einem Vortrag kommen. Und das habe ich abgelehnt, weil Titel, aus denen mache ich mir nichts.

Aber es gibt Leute, die sagen: Es würde Ihnen schon eine gewisse Freude und Befriedigung verschaffen, international geehrt zu werden. Stimmt das?

Das stimmt, ja. Schauen Sie, ich habe die französische Ehrenlegion bekommen. Und Präsident Mitterrand hat geschrieben: „Wiesenthal hat für Frankreich nichts gemacht, aber Wiesenthal hat für die Welt vieles gemacht, und daher wollen wir ihn mit der Ehrenlegion ehren."

An dieser Stelle sollte ein Überraschungsgast auf die Bühne kommen, der in einer persönlichen Beziehung zu Ihnen steht. Es ist das Kardinal Franz König. Leider konnte er nicht kommen. Er hat aber einen Brief geschrieben. Er schreibt: „Der Ausdruck ‚Nazijäger' ist in meinen Augen eine irreführende Bezeichnung. Er versucht, aus meinem Gesichtskreis gesehen, dem, was sich in den vergangenen Dreißiger- und Vierzigerjahren zugetragen hat, mit unnachgiebiger Gründlichkeit nachzugehen, um uns allen einfach bewußt zu machen, was

Simon Wiesenthal

und wie es geschehen ist. Dazu wollte er, so scheint mir, den Zusammenhang zwischen persönlicher Schuld und geschichtlicher Verflechtung aufzeigen. Das tat er nicht, um zuletzt in Rache und Haß zu enden, sondern Gerechtigkeit und Sühne als Voraussetzung zu sehen für den Heilungsprozeß im Generationenwechsel unserer Zeit. Vergangenheit im Spiegel der Vergänglichkeit", schreibt der Kardinal weiter, „welch ein innerer Anruf an uns selbst, mit dem bloßen Richten zu brechen. Nicht nur Schuld anderen zuzuweisen, sondern auch Mitschuld, und sei sie auch nur stumm, im eigenen Gewissensspruch aufzuspüren."

Ich bin ein großer Bewunderer des Kardinals. Ich habe keine Worte, um seine Größe auszudrücken, wie er sie oft in Gesprächen mit mir zu verschiedenen Themen geäußert hat. Das ehrt und freut mich, daß der Kardinal diese Meinung von mir hat.

Am Ende möchte ich Sie noch mit einer Erinnerung konfrontieren. 1986 in Los Angeles: Das dritte Konzert von Rachmaninow. Zubin Mehta hat dirigiert, und ein junger israelischer Pianist, Yassim Bronfmann, hat gespielt. Erinnern Sie sich an dieses Konzert?

Ja, das war ein ganz junger Pianist – er lebt in Israel und stammt aus der Sowjetunion. Ich liebe Rachmaninow, und wie er begonnen hat, das dritte Klavierkonzert zu spielen, hat das die Leute derart elektrisiert, daß sie aufgestanden sind. Ich bin auch aufgestanden. Aber in dem Augenblick in dem mir bewußt wurde, welche ungeheuren Verluste die Menschheit durch die Nazizeit erlitten hat, wieviele solcher wunderbaren Talente vernichtet wurden, setzte ich mich wieder. Ich bin nachher in die Garderobe zu Metha gegangen, und hatte Tränen in den Augen. Er umarmte mich und sagt: „Du hast durch nichts deine Motivation, für das, was du machst, so geschildert wie eben durch diese Tränen."

Danke für dieses Gespräch.

Bildnachweis

Für die freundliche Abdruckgenehmigung wird gedankt:
Umschlagfotos: APA/Barbara Gindl (Erwin Kräutler); Votavafoto (Karlheinz Böhm); ORF Fotodienst (Leopold Ungar); EPA/DPA (Simon Wiesenthal); Innenteil: ORF/Ali Schaffler